犹太式教育百科全书

[以色列] 希里·科哈维 著
胡方凝 译

הורים טובים

北方文艺出版社
·哈尔滨·

献给我亲爱的父母

前言
这本书因何而来

就像一些父母在受孕之前就憧憬着孩子的降临一样，本书在提笔之前也早已孕育而出了。

还记得那天，我第一次读到英国精神病学家、精神分析学家约翰·鲍尔比（John Bowlby）写的一句话："成功的育儿之道是影响下一代心理健康的关键。"于是我便产生了写这本书的想法。我对这句话深信不疑，这也成为我写下此书的契机。

多年来，育儿一直是我的生活重心：在私人诊所和公共部门，我是一名心理学家，为孩子和父母提供心理咨询；在学校，我研究和教授育儿知识；除此之外——也许这一点更为重要——我是四位优秀孩子的母亲。这些年来，我从不同渠道接触到了各种育儿观念和理论，包括深层心理学的专业理论、当前的研究成果，还有通过提供心理治疗以及在学校教授育儿知识等实际应用中了解到的大众育儿之道。

本书旨在强调父母在塑造孩子的性格和为人方面的作用。诚然，父母并不是万能的，育儿过程中有很多因素不受我们控制。但作为父母，我们有一个关键且不可替代的职责：抚养"一个人"。如果我们采用鲍尔比的思维方式，那么养育子女实际上是一项重要且有价值的使命——不仅是为了我们的孩子，更是为了下一代人的福祉。

我深信父母拥有的强大力量、积极影响和美好愿景，以及父母愿意为孩子的身心健康付出一切的坚定信念。因此我写下了这本书。我的专业知识和个人经验告诉我，父母对孩子的付出会比对自己的付出多得多。但强烈建议大家不要走向极端。我们应该充分认识到"过度养育"对孩子的危害；良好的育儿方式应该追求平衡——不要太多，也不要太少。另外，在努力成为好父母的过程中，也必须善待自己。育儿是一项十分复杂与艰辛的任务，我们必须以善良和关怀的态度对待自己的"父母身份"。

本书分为四个部分：

第一部分讲述为人父母的目标，即我们的育儿目标。 如何培养孩子的自我价值？如何让孩子感受到这个世界是安全的？如何让孩子拥有坚定的自我认同和积极的社交技能？如何让孩子对自己的能力充满信心、拥有内在动力和积极的价值观？如何培养孩子对他人的同理心？谁不想教育出那样的孩子？正如我所说，在育儿过程中有很多因素不受我们控制，不过我们可以用一些正确的育儿方法帮助自己在重要问题上引导孩子。

第二部分与为人父母的我们有关。 这部分将讲述育儿的复杂与艰辛、育儿与幸福之间的联系（事先声明：并不是你想的那样……），以及正念和自我关怀在育儿过程中的作用；将解决我们如何学会关注当下以及善待自己的问题；还有一些章节涉及共同参与到育儿过程中的人。有句非洲谚语这样说道："举全村之力，才能养育一个孩子。"育儿过程中除了母亲的参与，还有父亲的参与、伴侣之间的浪漫、父母和孩子学校系统之间的关系，这些都是育儿环境的组成部分。这一部分的结尾会讲到"代际传递"的有趣现象——我们的童年经历可能影响我们的育儿方式。

第三部分介绍了特殊的育儿情况， 例如青春期孩子的父母、离异父母，以及特殊儿童的父母。以上所述的每个主题内容涵盖范围之广，几乎都可以单独成书，希望你可以在此书中找到对你有帮助的指导原则。欢迎阅读与你的家庭类型相关的章节，当然也欢迎阅读其他家庭类型的内容。也许你会在其他章节中发现一些可能与自己的家庭相似的情形，即使你并不属于这一家庭类型。

第四部分旨在拓宽我们的视野，从更广阔的角度看待育儿问题。这部分会介绍动物育儿的特点（我们并不是第一个"发明"育儿之道的物种）。还会讲述育儿概念的发展演变。（你能猜到"育儿"其实是一个很新的概念吗？）回顾育儿问题的历史发展是一个有趣的过程，与我们现在为人父母的生活联系紧密。最后，我将分享自己对儿童心理治疗的想法和见解，阐述鼓励父母一起参与治疗的原因。这些是本书创作的重要内容。

这本书面向各年龄段孩子的父母，不管你的孩子是咿呀学语的婴幼儿、学龄儿童，还是青春期少年。其实在许多情况下，所有年龄段的育儿之道本质都是一样的，只是对待方式略有不同。

书本知识永远无法完全涵盖各类家庭的独特性和复杂性。所以，我邀请大家带着兴趣、好奇心和开放心态来阅读这本书，同时结合健康积极的父母直觉进行理解。希望你们都能找到合适的方式接受这些观点、原则、价值观和想法，形成自己独特的育儿之道。

希里·科哈维博士（Dr. Hili Kohavi）

目录

第一部分　你要去哪里？——育儿目标 /001

01 爱：
　　父母之爱是育儿之基　　　　　　　　/007

02 自我价值：
　　父母的赞许之力　　　　　　　　　　/010

03 安全依恋：
　　成为孩子永远的后盾　　　　　　　　/019

04 情感氛围：
　　带给孩子一段快乐的童年时光　　　　/030

05 玩耍与创造力：
　　不只是孩子，父母也应参与其中　　　/037

06 电子科技时代：
　　不要让电子产品夺走孩子　　　　　　/045

07 情绪管理：
　　父母听得进去，孩子说得出口　　　　/058

08 **延迟满足：**
  学会等待与感恩　　　　　　　　/ 069

09 **相似之处：**
  孩子为何"需要"像父母　　　　/ 076

10 **真实的自我：**
  接受孩子的不完美　　　　　　　/ 081

11 **心智化：**
  内见他人，外见自我　　　　　　/ 088

12 **自我效能：**
  让孩子相信"我能行"　　　　　/ 098

13 **内在动力：**
  把"我能行"变为"我想做"　　/ 108

14 **积极的价值观：**
  做值得孩子钦佩的父母　　　　　/ 118

15 **问题儿童：**
  "叛逆"的孩子，也想做个好孩子　/ 124

16 **界限与权威：**
  让亲子关系处于正确的位置　　　/ 132

第二部分　享受其中 ——以父母为中心　　/ 143

17 育儿挑战：
育儿为何如此复杂？　　/ 147

18 为人父母与幸福：
如何让育儿变得快乐？　　/ 153

19 正念：
将注意力转向当下　　/ 161

20 自我关怀：
以友善温暖的目光看待自己　　/ 169

21 作为父亲：
育儿不只是妈妈的任务　　/ 175

22 伴侣关系：
不要忘记浪漫的二人世界　　/ 182

23 教育系统：
不是敌人，而是盟友　　/ 190

24 代际传递：
育儿模式也会"遗传"　　/ 197

25 直面过去：
父母的错不应成为我们的错　　/ 205

第三部分　不同情况 ——特殊情况下的育儿　/213

26 青春期：
让人恐慌还是令人期待？　/216

27 离异父母：
糟糕的伴侣未必是糟糕的父母　/226

28 特殊儿童：
将不幸变为与众不同　/233

第四部分　慢慢来 ——育儿拓展知识　/243

29 动物育儿：
抚养子女是我们的天性　/246

30 育儿历史：
从"低等生物"到需要被爱的"人"　/253

31 儿童心理治疗：
与孩子一起面对困境　/260

最后的话　/267

致谢　/269

个人感言　/271

第一部分

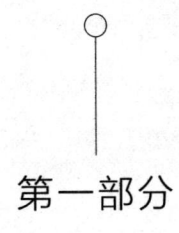

你要去哪里?

育儿目标

"希望他和我一模一样。"

"希望她和我完全相反。"

"只要他有自己的主见。"

"希望她快乐！"

"希望他能拥有好朋友。"

"希望他能成为别人的好朋友。"

"希望她尊重父母，记得养育之恩。"

"希望他以后成为好父母。"

"希望她坚守正确的价值观并回馈社会。"

"希望她拥有自信。"

"最重要的是，希望他感受到被爱。"

上车后，我们确定了目的地才会发动汽车。"你要去哪里？"GPS（全球定位系统）导航问道，于是我们设定目的地，开始上路。这样便可以知道自己是否在正确的路线上。

那么育儿呢？你是否问过自己——你作为父母的目标是什么？你的实际角色是什么？你认为怎样算是成功的育儿？

我们只有先确定目的地，才能知道自己是否行驶在正确的路线上，是否最终能够抵达终点。

的确，育儿不只是开车上路那么简单。育儿更是一种生活方式，甚至可以说是我们生活中最为重要、最具有意义的部分之一。我们不太习惯从"目的地"

的角度思考育儿之道。不过我建议你停下来想一想，甚至可以拿起笔和纸写下来——你作为父母的目标是什么。"你想去哪里？"

抚养"一个人"

如果我们抛开保证孩子安全和健康的问题，（毫无疑问，这是父母最重要的目标之一）作为父母，我们的主要工作之一似乎是抚养"一个人"。

现在请你在脑海中想象一个刚出生的婴儿。仅仅数年以后，这个婴儿就将成"人"：一个拥有积极自我形象的人；一个能够感受广泛情绪，能够平衡和管理情绪的人；一个拥有核心价值观，对社会有贡献，对他人有同理心，有一定社交能力，能与同龄人合作的人；一个可以拥有重要关系的人；一个善于思考、创新、计划并发挥自己才能的人……你可以根据自己的价值观列出一系列你对孩子的期待。

当然，这些价值观及其重要性排序也因人而异。很多时候我们会发现某些价值观相互颠覆，我们只能去适应，或者选择"重新规划路线"。我们以为儿子很想参加青年社团，而事实上他十分抗拒；你无肉不欢，而你的女儿只吃素食。这样的例子不胜枚举。不管怎样，都会产生问题：怎么办？如何抚养"人类"？

一个人的成长受到多种不同因素的影响：我们与生俱来的特征、社会环境、学校系统的影响，还有运气和机遇等其他因素。然而作为父母，你在培养孩子的人格方面发挥着核心且宝贵的作用。这个过程不是一蹴而就的。如果没有成熟的父母之爱，缺少养育与教育，婴儿便无法成为一个真正的"人"。

我们如何抚养孩子成为"人"？

在这个时代，很多人相信一切都是相互依赖的：依赖环境、依赖关系、依赖人。很多人还认为心理学没有"对"或"错"——一切都是相对的、模棱两可的。

事实并非如此。今天，我们比以往任何时候都更了解什么是良好的养育方式。

好父母深爱自己的孩子，让孩子感觉到被爱。科学证明：爱是必不可少的组成部分。

好父母会用慈祥、专注和赞赏的眼光看待自己的孩子，以此培养孩子的自我价值感。孩子应该相信"我是有价值的"，这是一个良好而具有重要价值的人生起点。

好父母会让孩子觉得这个世界是一个"安全的地方"。儿童早年获得的这种安全感将对他们的一生产生积极影响。育儿之道以神奇的力量为孩子未来的人际关系奠定了一定基础。

好父母会帮助孩子在快乐和积极的环境中成长，这会极大地提升孩子的幸福感。

好父母让孩子真正做自己，从而帮助他们拥有更健康的心理状态，对自己的生活更加满足。

好父母将孩子视为具有不同需求、想法和感受的独立个体。他们真诚地希望了解自己的孩子是怎样的人。这样的育儿方式是孩子一生的福祉，总有一天，你的孩子会成为更好的父母。

好父母会鼓励孩子去体验适合他们年纪、能力和兴趣的经历和挑战，而不会过度保护他们。他们会为孩子设定切合实际的目标——不会太高，也不会太低。

好父母会让孩子拥有抱负和梦想。他们帮助孩子，让他们对美好未来充满希望，培养孩子拥抱理想、实现目标的能力。

好父母会帮助孩子形成良好有益的价值观，进而积极回馈周围群体和社会。

第一部分的章节涉及这些重要品质：爱、自我价值感、安全、快乐、"真实的自我"、自我意识、同理心、内在动力、抱负、社会价值观等。我们拥有提升这些内在品质的能力，这样的机会不要轻易放弃。

听上去是不是很有压力？是不是感觉肩负重任？大多数父母即使没有看过育儿相关的书籍，也能够按照自然本能履行父母职责。不过，我们要记住，没有父母是完美无缺的——**我们的孩子也不需要完美的父母**。他们需要真实的父母，哪怕你有时烦躁、劳累，或者没有耐心、没有时间倾听孩子的心声。我们都是这样，没有关系——这完全合理，也符合人性。

所以，请不要焦虑，也不要让自己承受不必要的内疚。内疚帮不了任何人。从另一个角度看，保持好奇心和开放的心态也非常重要，因此多阅读育儿方面的书籍，多独立思考，有助于正确引导我们的亲子关系。此外，阅读和思考也可以增强我们的直觉，为我们的育儿技巧提供一些额外支持。

但在设定育儿目标、踏上育儿"旅程"之前，要记住，我们自己也是可以享受其中的。为人父母是一辈子的工作，这份工作复杂而艰辛。有时，由于责任和家务繁重，我们忘记了这也是世界上最有价值、最有意思的工作之一。本书的一大目标是帮助大家把自己放在重要位置，充分享受这段"育儿之旅"，享受与孩子在一起的时光，享受自己在孩子生活中发挥的重要作用。

那么，你打算去哪里？

我们上路吧。

01

爱：父母之爱是育儿之基

孩子可以在无爱的环境中长大，但无爱或缺乏人文关怀的养育方式无法塑造出一个独立自主的孩子。

——唐纳德·温尼科特（D. W. Winnicott）

1945年，匈牙利研究学者勒内·施皮茨（René Spitz）给自己安排了一项艰巨的任务。他花费数年跟踪研究了几十名二战遗孤的成长过程。这些尚处在幼年时期的孤儿虽然生活在条件良好的育婴机构里，居有定所，吃喝不愁，床铺整洁，还配备医疗护理，但他们唯独缺少一样东西：爱。没有一个固定照顾这些孩子的成年人。照顾他们的保姆总是换了一个又一个。育婴室的每位工作人员都对自己的工作兢兢业业，但这些孤儿缺少固定人员的照顾，也没有和任何照看他们的人建立依恋关系，他们缺少关爱。

施皮茨将他的研究拍摄成了一段令人揪心的视频。研究结果极具戏剧性：这些遗孤没有一人能够健康成长。缺乏父母关爱对孩子的成长造成了不可逆转的伤害。三分之一的孩子不到2岁就夭折了，其他孩子相较于正常发育指标也表现出明显的发育迟缓。很多孩子发育不良，有些还有不同程度的残疾；一些孩子失明，一些孩子无法行走或说话。总之，没有一个孩子是身体健康、发育良好的。

只有在一种情况下，孩子才能重返健康成长的轨道，即孩子的母亲在三到五个月内回到他们身边，否则就会给孩子造成永久且不可逆转的伤害。

施皮茨的研究是第一批以实证的方式，表明父母之爱对孩子成长具有重大影响的研究。从婴儿时期到此后的日子中，孩子至少需要一位担任父母角色的人，为他们提供长期稳定的照顾和关爱。

毫无疑问，父母之爱不是一项特权。父母之爱为幼儿成长，为健康正常的人类提供了情感动力。

父母之爱的秘密

施皮茨的研究极大地改变了育婴机构对待婴儿的方式。然而，除了研究中描述的极端的困难条件外，其研究还提出了一个终极问题——**在正常、健康、自然的情况下，孩子的成长会发生什么？**父母为孩子提供的"秘密养分"是什么，能够使他们成长发育，从弱小的婴儿长成可爱的小人儿？父母之爱的重要因素是什么？

我将在下面几章为大家解答这些重要问题。现在我们已经了解了父母之爱的重要性，这些知识易于获得，也容易实践。

在孩子生命之初，我们将孩子护在"玻璃保护罩"里，孩子只能通过这层玻璃罩去体验世界。我们帮助他们调节情绪，在混沌无序中为他们创造秩序，帮助他们认识感官体验：*"好烫！""那个味道不错""你累了吧……""你疼吗？"*

孩子长大的过程中，我们始终扮演着关键角色：帮助孩子逐渐形成感知能力，帮助他们成为乐观自信的自己；帮助他们建立健康的自我形象，让他们以这种形象进入社会，克服生活中的困难。同时，父母的养育也塑造了孩子对于人际关系的理解：和别人的关系是安全愉悦的，还是焦虑不安的？

如前所述，身为父母，我们对于孩子的付出都是自然而然的，而非刻意为之。但从不同层面深入理解这些付出以及对应的专业术语，能让我们更加了解自己的行为，掌握适当的尺度，而不至于过犹不及。

父母的养育不是万能的，但在孩子成长的过程中，我们的育儿方式在帮助孩子成为健康快乐、全面发展、具有社会性的个体方面发挥着重要作用。没有什么比这样的使命更有意义。毕竟，今天的孩子是明天的大人。或者借用英国诗人威廉·华兹华斯（William Wordsworth）的话："*儿童是成人之父。*"我们对孩子的付出，是他们长大成人的基础和动力，也会影响他们成年后的自我认知。

结语

二战后的欧洲笼罩着一层阴霾。学者勒内·施皮茨跟踪研究了一群战后遗孤的成长过程。虽然这些孩子的基本生活需求均得到满足，但他们的生活中一直缺少一位能够源源不断提供爱和关怀的长辈。研究证明，这些孩子没有一个是健康正常的。

施皮茨的这一突破性研究首次深入探索了正常、健康和自然的父母之爱的内涵。从今天来看，父母之爱为孩子的发展奠定了重要基础，也为孩子成长为身心健康的成年人提供了精神支持。

02

自我价值：父母的赞许之力

> 亚当的母亲每天都对亚当说，他是世界上最好看、最聪明的孩子。但是在学前班，亚当发现其他孩子比他更优秀。
>
> ——选自泽鲁亚·沙勒夫（Zeruya Shalev）的《妈妈最棒的宝贝》一书

谁是妈妈的小天才？

在《妈妈最棒的宝贝》这本书中，作者谈及一个让很多父母头疼的问题："真的可以告诉孩子他们是最棒的吗？"最聪明、最漂亮、最美好、最有天分？他们迟早会走上社会，然后发现这些赞美并不真实。毕竟，总会出现其他更聪明、更漂亮、更有天分的孩子。那我们应该怎么做呢？

亚当妈妈的回答毫无迟疑。在书中，亚当告诉妈妈她需要一副眼镜，因为她显然眼神不太好。她尽情夸赞自己的儿子，似乎没有注意到还有其他更英俊、更聪明、更强壮的孩子。她回答道："在每个母亲的眼里，自己的孩子都是世界上最漂亮、最有才华的孩子，所有方面都是最好的。"

我同意她的观点。因为育儿心理学中就有一项著名理论：自体心理学，由精神分析学家海因茨·科胡特（Heinz Kohut）创立。

健康的自恋

我们都曾以为自恋是一种心理障碍。当遇到一个天生就沉迷于自己的人，一个经常美化自己的成就和品质的人，我们会感到一种压迫感。

自恋型人格障碍最初源于希腊神话，年轻英俊的纳西索斯拒绝了众多少女的示爱，态度傲慢，丝毫不留情面。复仇女神涅墨西斯诅咒纳西索斯陷入无尽的自恋，以此作为惩罚。有一天，纳西索斯感觉口渴，弯腰去河边喝水时，看到了水面上自己的倒影，于是深深地爱上了自己的模样。从那一刻起，他什么也不做，只盯着自己看，最终他因饥渴而亡。

这也解释了为什么高度自恋的人会让人既厌恶又怜悯。所以，科胡特这一健康自恋论在当时来说是比较新颖前卫的。要想正确理解健康的自恋，我们必须首先回到婴儿时期。

魔镜，魔镜，告诉我：我是谁？我的价值是什么？

如果我们想知道自己的长相，照照镜子就好了，多么简单。但有些镜子能将人衬托得很好看，有些镜子则会扭曲人的形象，这种情况是不是很熟悉？

婴儿出生后，父母就是他们的镜子。婴儿通过我们的眼睛了解他们自己：他们是否可爱美好？他们是否是我们梦寐以求的宝贝？还是让我们失望？他们会让我们担心，使我们伤心吗？我们注视孩子的眼神最终会成为孩子看待自己的目光。这一切是如何发生的？

婴幼儿是缺乏自我意识的，只能依靠从外部世界获取的信息了解自己的存在。而父母就是他们了解自我的主要信息渠道。我是谁？我的价值是什么？在科胡特的理论中，父母是婴幼儿的自体客体[①]。这些自体客体处于"他者"和"自

[①] 将一个独立的个体（他者）当作"自我"的一部分，而并非把他人体验成与自我分离、不同的人。这里的"他者"就是"自我"的自体客体。

我"之间。而正是这些内在"自我"和外在"他者"所赋予的特质能够让孩子感受并创造他们的自我价值。

因此，当我们用兴奋和热情的眼神注视孩子时，他们可以从我们的目光中感受到那种情绪。这时我们的眼神如同一面能够衬托人的镜子，他们以此了解自己，知道自己是美好的。然而，当父母失望地看着自己的孩子，当他们的表情充满担忧时，孩子就会明白，他们是父母担心、失望的原因，甚至认为自己不值得被爱。

比如，孩子出生时有生理缺陷，没有人预料到会出现这种情况（参见第28节），孩子同样能从父母的眼神中感受到情绪。此外，父母失望的原因可能是想要女孩而未能如愿，抑或是相反；或者当孩子具有一些父母不喜欢的特征，比如特别活跃，或特别安静；也可能因为孩子的某些特质让父母想起自己的缺陷或痛苦。尽管如此，充满担忧和失望的眼神会极大伤害孩子的自我意识。你应该尽最大努力避免这种状况发生。请允许我解释一下。

你是美好的！你是独一无二的！

每个自信的孩子的背后，都有一个最先相信他的父母。

——马修·雅各布森（Matthew Jacobson）

我们看待孩子的方式早在他们出生后的头几个月，就开始影响他们的自我价值，而且这个过程一直在持续。在人生的每一个阶段，孩子都会通过父母的眼神来了解自我价值。在孩子成长的过程中，除了父母之外，当然还有其他人也可能会成为他们的自体客体（如老师、朋友和伴侣等），不过父母的角色仍然至关重要。因此，我们必须认识到对待孩子方式的重要性。当我们以关怀和爱对待孩子时，我们会让他们相信自己是美好的、有价值的。这就是健康的自恋，是一种极为重要的品质。

与本节前面提到的自恋型人格障碍相反，健康的自恋有助于让人们相信自己——相信自己的天分和能力；有助于我们与自己建立和谐、良好的关系，减少内心冲突与挣扎。如今我们知道，在孩子的成长岁月里，如果经常感受到父母关爱和赞许的眼神，这样的孩子往往会形成健康的自恋；所以他们一般很少向外寻求肯定，他们的自我价值感十分牢固且稳定。

当然，每个人对于外界的肯定都有一定程度的需要，这是生命中自然而正常的过程。然而，父母的爱有助于孩子建立积极的自我价值感，从而为孩子带来生命中最重要的礼物之一：相信自己的能力和健康的自爱。

我的孩子需要父母的意见：父母情感表达的重要性

父母的肯定眼神对儿童发展的重要性不仅仅是一个理论概念，而且已经得到了科学证明。在一系列引人入胜的研究中，美国心理学家爱德华·特罗尼克（Edward Tronick）证明了父母情感表达的重要作用。在一次实验中，特罗尼克用摄像机记录了一位母亲和宝宝之间的一对一互动。母亲向婴儿自然地表现各种情绪，宝宝也会非常高兴地做出回应。然后母亲被要求转过脸。过了一会儿，再转过来时，母亲脸上的表情突然变得十分僵硬，且不再有任何回应。摄像机捕捉到了宝宝对母亲这一变化的反应：

宝宝很明显被这突如其来的转变吓了一跳，然后开始手舞足蹈，拼命吸引母亲的注意，"挽回"失去的情感表达。但母亲始终面无表情，宝宝所有的努力宣告失败，这时他开始崩溃大哭。实验仅持续了几分钟，在实验最后阶段，母亲恢复了正常自然的情绪表达，于是宝宝很快平静下来，又开心地与母亲互动。

如果你想问这项研究与我们和孩子的日常生活有什么关系，那么请接着看以下实验。一位名为帕特里夏·库尔（Patricia K. Kuhl）的美国研究员对特罗尼克的这一经典实验进行了修改。她要求父母专注于看手机（这一做法更贴近我们的生活），以此代替特罗尼克实验中的"面无表情"，从而故意忽视宝宝的反应。库尔检查了宝宝对这种"断断续续"的情感交流的神经反应。结果显示，宝宝对父母突如其来的"情感断联"明显感到不适。

不过，只要这些"情感断联"是暂时性的，就不会造成预期伤害。诸如此类的"情感断联"是正常的，在我们的日常生活中频繁出现。尽管如此，特罗尼克和库尔的研究仍然证明了父母的情感陪伴对于孩子是多么重要。大多数人都是感性动物，依照直觉生活。然而，在某些情况下，儿童的成长过程中可能一直缺乏父母的情感表达。比如父母一方患有抑郁症，可能是产后抑郁症，或者其他类型的抑郁症。这种情况对于父母和孩子都是十分有害的，即使孩子们并不知道问题出在哪里。如果你患有这类疾病，请马上寻求专业人士帮助。另外要注意的是，不要让电子屏幕占用我们太多的注意力，尤其是我们和孩子在一起的时候。请把电子产品放在一边，手机设置为静音模式，完全沉浸在与孩子相处的时光中。

儿童、游戏代币和飞利浦螺丝刀

看到这里你也许会问自己：*如果我的孩子确实在某些方面存在困难呢？可能她的同学都开始阅读了，而她连字母都认不全；其他男生都已经在约会了，而他甚至都没有开始表现出兴趣；她的朋友都开始做兼职了，但她仍然害怕一个人在家。*如果出现这些情况，我们是否还应该"赞许"他们？我们到底应该如何"赞许"？我们给孩子传递的是怎样扭曲的信息？

首先我要说，某些方面存在困难的孩子也需要父母的赞许，他们可能比那些轻而易举做到的孩子更加需要，他们尤其需要"充分"感受来自父母的自豪感、成就感和自我价值感。

美国教育学家理查德·拉沃伊（Richard Lavoie）曾经拍摄过一部影片：《当你无路可走时》（*When the Chips are Down*）。这部电影专门讲述了某些儿童存在学习障碍的问题，不过其指导意义也适用于在其他方面存在障碍的孩子。拉沃伊假设所有儿童都能理解游戏代币的思路，即类似于成年人的银行账户，我们有存款、开支、收益与损失。有的孩子感觉一切都很"简单"，能够轻松回答老师提出的困难问题。因为对他们来说，最坏的结果无非是答错了，即便如此，他们仍有大量的游戏代币。"这不算什么事"——这样的孩子有充足的自信，允许自己犯错误。相反，存在严重困难（如学习障碍、社会排斥或其他问题）的孩子刚开始获得的游戏代币可能很少。这样的孩子不敢"冒险"回答老师的棘手问题，因为如果回答错了，他们会被嘲笑、戏弄，会失去他们所剩无几的宝贵代币，这个风险简直太高了。

我们作为父母的职责是：给予孩子充足的游戏代币。

我们对孩子的认可和正向强化，可以增加他们的游戏代币。为了向他们提供代币，你的赞许必须是真诚的。因此，如果孩子在某些方面存在明显的障碍，我们必须帮助他们找到自己的强项（如优秀的品质和才能），赞扬他们付出的努力。要在那些方面给予他们充足的正向支持。此外，作为父母，我们还能激发孩子的热情和创造力。我们应该充分给予孩子机会，让他们展示自己的能力和才华。"如果你的孩子在使用飞利浦螺丝刀上有一手，"拉沃伊说，"那你就把家里所有的螺丝全部卸下来，让他有机会展示拧螺丝的技能。"也就是说，你需要为孩子创造机会展示他们的才能，还要表现出惊叹和赞赏，这是提高孩子自尊的最好方法。（详见第 15 节内容）

我爱你仅仅因为你就是你，而无关你是否完美

我们回到沙勒夫的故事，主角亚当无法理解他的母亲为何认为他是最高、最帅、最聪明的，因为显然还有其他孩子比他更高、更帅、更聪明。可以看出，父母对孩子的惊叹与赞赏是一项敏感工作，既复杂又不好把握。

我们应该积极对待孩子，将他们视为美好的存在，而不是因为他们是完美的或者符合某些标准。换句话说，我们必须接受"他们本来的样子"，包括他们的所有特征，不论好坏。然而，积极对待孩子并不仅仅意味着赞美孩子的某些才能，或是赞美他们是"完美"的。（*"你在画画方面实在是太有天分了""你是班上最聪明的孩子""我的孩子一直都很棒"*等）当我们给孩子贴上一个标签，哪怕是积极的标签，孩子也可能会因为我们对他们的期待而感到焦虑。（*"如果我没有赢得学校的绘画比赛怎么办？""如果我没有被学生会选中怎么办？""如果我的期末考试成绩不够高怎么办*？*"*）如果我们接受孩子"本来的样子"，用充满惊叹与赞赏的眼神注视他们，那么这个过程就在促进孩子形成积极的自我形象，这种形象的形成不会依赖外部成就或满足某些条件。（*"很遗憾，我在班委选举中落选了，但我知道父母会为我的尝试和努力感到自豪。我明年再试*。*"*）

为了让孩子相信我们并不期待他们成为"完美"的人，我们应该向他们展示自己的缺点和不完美。（*"我不会做肉丸……""今天工作很不顺，一切都在计划之外。不过没关系，明天又是新的一天。"*）我们可以用幽默的方式展示自己的弱点，同时善待自己，让孩子知道我们是好父母——但不是完美的父母。

如果孩子让我们失望，我们应该怎么办？

说实话，抚养孩子的过程中一直保持热情是不可能的。孩子有时候让人抓狂。我们也只是普通人而已，当孩子越过我们的底线，我们不可能不对他们生气，甚至还会惩罚他们。确实如此。但是我们必须确保这样做是为了孩子，而不是出于漠视。我们不能站在绝望、失望或尖刻批评的立场（"这个孩子——

他太失败了……我们哪里做错了？"），而是应该从赞许和真诚教育的角度，向他们灌输重要的价值观。

假如你发现心爱的孩子从一家小商店偷了一包口香糖，或者在学校发生了激烈的争吵。我们不妨将这类事件看作向孩子传递价值观的机会，而不是将其视为我们与孩子关系的"撕裂"，甚至认为孩子的性格存在严重问题。（"我们抚养了一个罪犯或少年犯"）换句话说，即使你的孩子让你失望，你也要选择尊重而不是侮辱他们。你的尊重会让孩子从错误中吸取教训，道歉并继续前进，不会损害他们的自我形象和自尊心。你同样可以从这些不愉快的事件中获益，学会用积极态度面对人生中的教训。（另见第 7 节"情绪管理"和第 16 节"界限与权威"的内容）

我们对他们的看法变成了他们对自己的看法

孩子在成长的过程中会慢慢形成自己的行为特征。父母对孩子的一些性格特征看不惯，这种情况经常发生。（"*她很懒*""*他很胖，总是不注意自己的身体*""*她以自我为中心，只关心自己，不考虑别人*""*他对世界毫无好奇心*""*她既小气，占有欲又强，她的朋友怎么能原谅她？*"）我们是对自己最严格的人，同时也是对孩子最严格的人；毕竟我们绝不会允许其他人这样批评他们。（"懒""胖""自私自利""小气"）

积极的赞许有利于孩子的成长，而严厉的批评具有严重的破坏力。我们要意识到，随着时间的推移，我们对孩子的看法最终会变成他们对自己的看法。你真的希望自己的孩子是一个"懒惰""以自我为中心""缺乏好奇心"或"肥胖且忽视自己健康"的人吗？

当发现孩子身上存在你不认同的特质或不良的行为模式时，你的任务就是软化这些特征，引导他们向积极正确的方向发展。但前提是尊重孩子，不要伤害他们。你可以鼓励他们多运动，让他们对周围的人产生兴趣，包容他们的想法等，这些都是你可以为之努力的目标。一定要注意，不要伤害孩子的感受，给他们贴负面标签。因此，与其批评孩子的这些特征，不如鼓励他们的良好行为，强调他们的优点并给予充分认可。

比如以自我为中心的孩子对他人表现出兴趣时，固执的女儿愿意做出让步时，占有欲极强的儿子对自己的妹妹很大方时……当孩子表现出这些积极良好的行为，你要大声告诉他们。（**"你刚刚做了一件多么慷慨的事情！""你真大度，做得很棒！"**）即使只是一些小事，你也要展现出自己对这些积极行为的欣赏。你的热情会带来更多积极的反馈，为你为之努力的目标指明方向。

结语

孩子通过父母对待他们的方式来了解自己。你对孩子的看法就是他们了解自我的主要信息渠道，孩子在此基础上建立自己的个人价值。对于孩子来说，没有什么比拥有积极的自我价值更重要的了。他们会带着这种自我形象进入社会。每个孩子都是如此，存在障碍或困难的孩子尤甚。

你要明确告诉孩子，你爱他们是因为他们"本身"，而不是因为他们符合某些条件。即便有时候忍不住对孩子发火，管教他们，但请保持积极的态度。只有以这种方式，你才能成功传递自己希望表达的意思或价值观。

请记住，我们对孩子的想法是他们自我认知的基石。作为父母，我们拥有巨大的权力，因此我们应该以善意和有益的方式使用它。

03

安全依恋：成为孩子永远的后盾

拥有安全感、信任、安心、平静、亲密关系的喜悦、良好的陪伴、接受帮助和依赖他人的能力，以及独立能力——谁不希望孩子成为这样的人？谁不想成为这样的成年人呢？

这些品质主要是通过孩子与父母之间的关系形成的。孩子对于重大问题（如信任、安全、人际关系和亲密关系）的认知往往建立在他们与父母的关系上，这种认知模型很可能会影响他们一生。

为人父母的奥秘

我们的育儿之道为孩子的世界观奠定了基础，父母与孩子关系的质量会影响孩子对这些问题的看法：世界是否美好和安全？人际关系是令人快乐的，还是令人焦虑、恐惧的？自我独立和尝试新体验是否安全？长大离家后是否还可以回头？

这些认知过程在依恋理论中得到了很好的解释。依恋理论被认为是当今心理学领域最重要的基于实证研究的理论（参见第 26 页的带框文字），这一理论对了解孩子的情感需求，以及帮助孩子建立安全的世界观非常重要。

孩子需要"情感加油站"

你还记得当手机没电而手头没有充电器的时候吗？你有什么感觉？紧张、烦躁、不安？当车里的油表显示燃油即将告罄，你没办法只能空轰油门，同时告诉自己下次一定要提前加油时呢？

看到手机电量不足或者燃油指示灯亮时，我们会感到压迫、受限。当手机电量为 100% 或汽车油箱已满时，我们感觉整个世界都触手可及，自己可以为所欲为。

依恋理论指的是我们对安全基地或"情绪加油站"的强烈需求。"情绪加油站"是为我们所有的行动和活动提供能量的情感补剂。父母就是为孩子提供安全基地的人，就是"情绪加油站"，就是充电器。

生活中总是有各种大大小小的事情，每天早上醒来，孩子都要面临各种挑战。他们要同时应对很多方面，比如社交、学业、情感，每天发生的事情数不胜数。我们赋予孩子的安全感、鼓励和爱，就是孩子所需的情感补剂。手机充电器让我们可以无忧无虑工作一整天，我们为孩子提供的情感补剂可以帮助他们走向世界，迎接生活中的挑战。

孩子需要安全基地。我们越是在情感上为他们增加补剂，他们越感到自由和自信。滋养支持型的育儿方式可以让孩子充满好奇心、乐于尝试新事物、学习和享受快乐，对于第一天上幼儿园的幼儿如此，对于离家去远方上大学的十九岁孩子同样如此。因为原理都是一样的，只是距离发生了变化。

孩子也需要我们作为"避风港"

如果有一天孩子想去远方,他们需要有一个地方永远向他们敞开,让他们可以随时返回。当看到一个刚刚开始满地爬的婴儿,你可能会注意到他们多么渴望离开父母身边,陶醉在刚刚掌握新技能的喜悦和获得的自由中;但他们爬不远。有时婴儿们会从远处观察父母,然后爬回他们身边,和父母拥抱片刻,获得信心,然后又开始爬行。

不管是多大的孩子,都需要我们作为他们的避风港或停靠站;他们需要一个可以随时休息、补充能量、获得安全感和信心的地方,然后再重新探索外面的世界。

没有哪个人会因为"年纪太大"而不需要父母的拥抱。随着孩子离开父母的"安全基地",父母也要成为孩子的"避风港",在孩子需要情感补剂时可以随时回头。离开父母的"安全基地",探索外面的世界,然后回到父母的"避风港"——这就是"安全感圆环"(见图片)。"安全基地"允许孩子离开父母,去外面大胆学习和体验新事物,而"避风港"永远向他们敞开,欢迎他们回来。

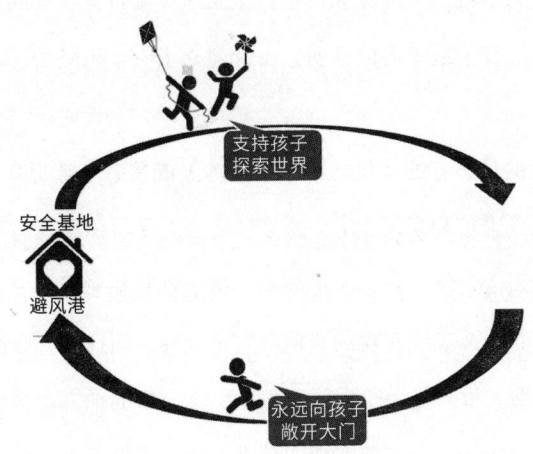

安全感圆环

引自:©库伯,霍夫曼 & 鲍威尔,2019。

孩子观察世界的"眼镜"

为什么父母和孩子之间的情感依恋如此重要？

除了为孩子提供"情感补剂"之外，父母在孩子童年时期对待他们的方式也极大影响着他们的"眼镜"——他们看世界的工具。在专业术语中，这副"眼镜"就是儿童成长过程中的依恋模式，包括安全依恋与不安全依恋。

"如果我哭了，会有人来安慰我吗？""如果我害怕，有没有人可以保护我，减轻我的担忧？""离开父母去探索新事物是否安全？"

父母对于这些问题的回答会对孩子的依恋模式的形成产生极大影响。与孩子保持良好关系的父母会鼓励他们找到自己的空间，同时在孩子需要时安慰他们。这就是帮助孩子建立对父母的安全依恋。因此，这些孩子相信世界是一个美好而安全的地方。他们更容易感到快乐和独立，乐于尝试各种新事物；他们对周围的世界充满好奇，在遇到困难或危难时仍然能够依靠父母。幸运的是，大多数孩子都属于这一类。

这个过程非常重要，因为安全依恋模式如同一个自我实现的预言。如果孩子戴着"乐观的眼镜"看待世界，他们从家里耳濡目染获得的积极世界观会在他们与外界的所有关系中得以证明，由此建立了一个积极的、不断自我强化的循环。

与此相反的是，有的父母与孩子在身体上或情感上疏远甚至不联系；有的父母令孩子感到害怕和恐惧；还有的父母无法忍受与孩子任何形式的分离，不能把孩子视为独立个体。在这些情况中，孩子就容易形成不安全依恋模式。这些孩子可能戴着"强势或悲观的眼镜"看待世界，而这些"眼镜"会一次又一次地向他们证明，世界是一个残酷、危险、不公平的地方。从家庭中形成的负面思维模式也会成为一个自我实现的预言，形成恶性循环，使孩子与外界的关系恶化。

研究证明，孩子最初对父母形成的依恋模式往往会在孩子以后的生活中始终如一地表现出来。无论在婴幼儿时期、青春期还是成人时期，我们都可以从孩子的行为中观察出他们属于哪种依恋模式。是不是感觉肩负重担？事实的确如此。在这种情况下，心理学的作用不容怀疑：我们这辈子的使命之一就是教育孩子相信世界是一个美好而安全的地方。但我们要怎么做？

"陪伴"孩子的能力 —— 情感陪伴的意义

很多心理学理论都研究过如何培养出自信的孩子，如何教育孩子相信世界是美好和安全的，如何将人际关系视为快乐源泉等问题。这些答案其实都很简单。根据美国心理学家丹尼尔·斯特恩（Daniel Stern）的说法，能否达到以上要求主要取决于父母"陪伴孩子"的能力。换句话说，父母在孩子日常生活中的陪伴会对孩子安全感的建立产生积极影响。

那么这样的陪伴包括哪些？美国精神病学家丹尼尔·西格尔（Daniel Siegel）进一步扩展了斯特恩的理论，认为这种陪伴就是与孩子在一起时将所有注意力用来"关注当下"，比如倾听孩子的需求、对孩子发自内心地感兴趣、在孩子需要时抚慰他们、和孩子一起玩耍、关心和爱护他们。西格尔表示，父母可以通过以下四个"S品质"帮助孩子成为冷静自信的人：

安全（Safe）——孩子感受安全的能力。

被关注（Seen）——孩子感受到被人真正关注和理解，感觉自己很重要。

被安抚（Soothed）——孩子知道在需要时有人会安抚他们。

安全感（Secure）——孩子认为世界是安全的，是像"家"一样的地方。"安全感"是通过其他三个"S品质"的结合来实现的。

不过请注意，我们不必在所有情形中都陪伴在孩子身边。当与孩子待在一起时，我们在情感上也需要在场——倾听他们的声音，在需要时安抚他们。如果我们在情感上未能在场，那么无论出于何种原因，都需要弥补这一缺失。（"抱歉，当时我没有注意，我走神了。你再跟我说一遍，学校里发生什么了？"或者"抱歉我刚才吼了你，我不是有意的，我当时在想别的事。"）

然而，这里要强调的另一点是，我们的情感陪伴不要过度。情感陪伴并不意味着过度参与或干涉。

"直升机式"育儿和"扫雪机式"父母——好心办"坏事"

心理学理论不是万能的。当一个重要心理学理论被误解时，就可能导致错误的育儿行为。虽然这一切都是出于好意。对"依恋理论"的误解，导致了"直升机式"育儿的广泛出现。

直升机式育儿一词由美国记者哈拉·埃斯托夫·马拉诺（Hara Estroff Marano）创造，意即父母犹如救援直升机一样在孩子身边不断盘旋，只为在孩子可能需要帮助或遭遇痛苦时立即出现。比如，当儿子在操场上想和其他男孩一起玩耍而被拒绝，当老师在考试中给女儿打了低分，甚至当已经长大成人的孩子与大学室友发生矛盾时，父母如同救兵般突然出现。当"直升机式"父母发现这些情况时，会立即伸出援助之手，将他们的孩子从中拯救出来，为孩子解决一切问题。

最近又流行起一个新词，叫"扫雪机式"父母，这是一种更为极端的育儿方式。"直升机式"父母在孩子上方盘旋，随时预备应对可能出现的任何问题，而"扫雪机式"父母则走在孩子前面，在问题或冲突可能发生之前就将其铲除干净。

这两种育儿模式弱化了孩子应对问题、解决问题的能力，严重干扰且损害了孩子的独立能力。而且研究显示，这种养育方法与儿童抑郁与焦虑之间也存在联系。很有可能你女儿的老师在给她打分时算错了分数，或者孩子的室友确实不好相处。这样的情形时有发生，这就是生活。孩子在面临生活中的挑战时，会自发地成长。所以，除非我们真的觉得有必要（比如涉及安全问题，或孩子客观上无法保护自己时），否则还是尽量让孩子依靠自己去解决各种困难。这种独立会使他们受益终身。有时孩子能成功解决问题，有时不能，这也没关系。

建立安全依恋并不容易

我强调过那些有助于为孩子建立安全依恋的父母品质：能够提供情感陪伴、各方面稳定如一，拥有与孩子"和谐相处"的能力。除了这些重要的父母品质之外，孩子的个性特征也会影响其依恋模式的发展。如果你有好几个孩子，就应该知道孩子与孩子之间存在着本质上的不同。有些孩子比较难对付，比如爱哭闹、情绪难以调节、难以平静，或者极度害羞。这些个性特征听上去是不是很熟悉？高度敏感或"复杂"的孩子会给任何父母带来挑战，影响我们育儿过程中的愉悦体验以及育儿效能感。当一个"难对付"的孩子的父母很难。而这些孩子因为这样的个性，有时会缺少父母的关注和陪伴。

如果你的孩子是有特殊需求的孩子，或者你自己因为个人原因（家庭悲剧、经济困难、社会孤立、产后抑郁或童年阴影等）正在经历低谷时，也会出现类似的情形（参见第24节关于代际传递的内容）。

如果你觉得和孩子在一起相处很困难，那么无论出于何种原因，请不要对此坐视不管。你需要积极寻求适当的帮助与支持，比如听取他人建议、探索问题根源，最后尝试去解决。在孩子日常生活中给予情感陪伴的父母，那些倾听孩子、拥抱他们、理解他们、给予安慰和赞许的父母，才有可能帮助孩子建立起安全依恋。虽然这并不容易，但是大多数时候是可以做到的。

我建议并鼓励父母尽一切可能帮助孩子建立安全依恋。但是，如果你觉得孩子已经形成了不良的依恋模式，这也并不是"世界末日"。只要你了解全局，从纠正育儿方式入手，就很有可能改善他们的依恋模式，比如可以更多地参与到孩子的生活中（参见本节后半部分的实用建议清单）。当父母改变对待孩子的方式，当父母在孩子面前更加专注和冷静时，孩子也可以改善自己对父母的依恋模式，从而建立起对父母和周围世界的基本信任。

"依赖"并不是一个坏词 —— 鲍尔比的有趣观点

依恋理论由英国精神病学家、精神分析学家约翰·鲍尔比（John Bowlby）首次提出。该理论基于一种假设——我们生来就需要与父母建立情感连接。父母给孩子的情感陪伴、父母与孩子之间的关系，为孩子日后培养安全感播下了种子。父母让孩子知道建立人际关系的益处，这是一个重要而有趣的过程。不仅仅是人类会与父母建立情感联系，包括鸟类和哺乳动物在内的很多动物也拥有相同的亲子情感依恋系统。

但令人惊讶的是，约翰·鲍尔比本人的童年生活却遭受依恋问题和父母远离的困扰。鲍尔比从小在伦敦长大，他的父亲是王室外科医生，经常无法陪伴鲍尔比。而鲍尔比的母亲和许多女性一样，认为父母的爱和拥抱会宠坏孩子，所以她每天只在"下午茶时间"与孩子见面，时间不超过一个小时。鲍尔比的婴儿时期主要由保姆抚养和照顾，保姆给予了他大量的爱和关怀。然而，鲍尔比刚满四岁时，保姆不得不离开这个家庭，他非常不舍。7岁时，他和哥哥被送到寄宿学校，这件事后来严重影响了他的生活。17岁时，鲍尔比的父母认为他注定要成为一名水手，但他写信回复说，自己打算找一份对全人类都有积极影响的工作。从今天看来，他确实成功地完成了这项任务。

在鲍尔比后来的著作中，他针对这个社会发表了一些清晰而果断的观点，十分鞭辟入里。他提到了社会对"依赖"这个词赋予的负面含义。他认为，如今的社会对独立的重视高于一切：独立、个人主义、自己解决问题的能力、自力更生的能力。人们认为"依赖"和"溺爱"是亟须认真对待和解决的问题。然而，对他人的依赖和需要、对紧密情感的渴求，是我们建立情感关系的基础。其实，依赖和需要他人是健康的心理发展过程，我们在这个过程中成长，培养自己的独立能力。

> 幸运的是，与鲍尔比时代普遍接受的社会规范不同，我们这个时代的父母不再害怕爱自己的孩子。不过鲍尔比的社会批判在当今时代仍然非常重要，甚至可能比以往任何时候都更重要。我们可以从他的理论中学到很多东西，如育儿的重要性，建立孩子与父母之间的情感纽带等。

那么我们如何付诸实践呢？

作为父母，我们的主要工作是陪伴孩子，为他们提供一个安全基地——让他们可以离开的"情感补给站"，还有一个允许他们随时回头、获得保护和安全感的"避风港"。

为此，**请和孩子一起玩耍，一起欢笑，倾听并关注他们的生活，让他们对你的生活产生兴趣，与他们一起进行有趣的活动**。与孩子"相处"的能力是帮助孩子培养安全依恋的重要基础之一。不过，这必须自然而然，不能夸张或过度。

有时候，**父母自己在童年时期形成的不安全依恋模式会渗透到他们与孩子发展的关系中**。例如，当父母不断要求孩子表达对自己的爱时，就会发生这种情况。这是不健康的，请避免这种事情的发生。每个父母当然都希望自己的孩子爱他们。假设你是"足够好的父母"，你可以确信你的孩子确实爱你。在这件事上，他们不需要证明他们的爱来缓解你的不安全感。

另一个问题模式出现在与孩子"断绝关系"的父母身上。毫无疑问，在养育孩子的过程中，确立界限是必不可少的，你有权在适当的时候对他们生气。但是当孩子发脾气时，你完全置若罔闻，甚至故意离开，这种做法是没用的，（"*如果你再大喊大叫，我就要离开家／我一整天都不会跟你说话*"）而且更是有害的。如果你时常这样做，那就需要找出根源所在。这可能是你自己小时候经历的行为模式。你最好尝试改变这种模式，避免重蹈覆辙。不管在什么情况下，父母都不应威胁要"离开"他们的孩子。

如果你是一位父亲或母亲，请记住接下来的旅程你必须要和孩子一起前行，不能半路放弃。**在孩子生命的开始阶段，父母持续而稳定的陪伴至关重要。**

在孩子的一生中，随着他们年龄的增长，**我们必须在他们对亲密、温暖和安全的需求以及他们对独立的需求之间找到平衡**。这项任务并不容易，因为平衡点一直处于变化之中。似乎当我们终于找到了正确的平衡点，但是一眨眼，孩子长大了，他们对独立的需求也出现了变化，有了新的发展。*就好像昨天才教他自己过马路，而现在他想和朋友一起坐公交车去海滩。这合理吗？符合逻辑吗？符合他们的年龄吗？*答案并不明确。然而，我们不能逃避现实，而是必须学会放手，信任他们，相信他们的能力，鼓励他们逐渐独立。与此同时，我们仍然必须守护他们，开诚布公地对话，在需要时为他们加油。

如果你的孩子已经长大了，请不要做"直升机式"父母或"扫雪机式"父母。你的孩子不需要你扮演这样的角色。放手让孩子自己处理任务和挑战吧，当然，前提是符合他们的年龄和能力。

其实，**随着孩子慢慢长大，我们也逐渐成了"等候站"**。就像前面讲到的加油站或手机充电器的比喻一样，我们不应该追赶他们，也不应该在电池满电时继续充电。我们无须保留他们对我们的依赖，但我们也不可强迫孩子在不适合他们的环境、年龄或能力的情况下保持独立。我们要做的只是陪伴，作为孩子身边一个稳定的、专注的、充满爱的存在，在他们需要的时候做好准备。

另外我们需要明白：**所有年龄段的孩子都需要我们的赞许、爱和情感支持**。我们给予孩子的爱，以及安全与稳定，都是我们可以送给孩子的最重要的礼物，无论是在他们年少的时候，还是在他们长大成人后。

结语

作为父母，我们为孩子提供了两个相似且互补的基本需求：作为一个"安全基地",一个允许他们出去体验世界的地方;充当一个"避风港",一个稳定的地方,欢迎他们随时回家,补充所需的情感补剂。我们给孩子的陪伴为他们建立对周围世界的基本信任奠定了基础。这种基本的信任会成为他们人生的一部分,影响着他们的人际关系。因此,拥有安全依恋能力其实是父母可以给孩子的最重要的礼物之一。

安全依恋模式的发展主要在于我们拥有"陪伴"孩子的能力,根据他们的需要出现在他们的生活中:不会太少,也不会太多。

04

情感氛围：带给孩子一段快乐的童年时光

> 人们会忘记你说过的话，会忘记你做过的事，但永远不会忘记你给他们带来的感受。
>
> ——玛雅·安吉罗（Maya Angelo）

请允许我以童年时期的两段回忆来开始这一节：

当时我大概 7 岁，住在奶奶家。电视上有一档教儿童手工的节目。这个节目介绍了如何仅用一张纸快速折叠出一只精美的纸鹤。我的奶奶在艺术和手工方面很有才华。我让她给我叠一个像电视上那样的纸鹤，可是她说她不会叠。当时我很生气。我踢了一脚客厅的桌子，桌上一个昂贵的水晶花瓶掉了下来，摔成了碎片，奶奶被吓得说不出话来。内疚和羞耻感顿时涌上我的心头。

另一件令我无法释怀的事是，有一次我和一个朋友玩耍，不小心让电视遥控器掉到了地上，摔坏了。在当时，遥控器算是奢侈品——稀有且价格不菲的奢侈品。我的内心再一次被内疚席卷。这时妈妈建议我们在遥控器上贴一个创可贴。她走到药柜前拿出几个创可贴，然后我们一起贴到遥控器上，遥控器竟然奇迹般地可以正常使用了。我清楚地记得那种如释重负的感觉，还有对母亲的真诚感激之情。

这里我需要强调，我并不是一个捣蛋的孩子。也许正因为如此，这两件事深深地印在了我的脑海中。这些都是日常生活中的琐碎场景。这两件看似微不足道的事仍然深深地印刻在我的脑海，很可能是因为由其引起的情绪动荡。

关于你的童年，你还记得什么？

你的孩子在二三十年后会记得什么？

你可能想不到的是，我们与孩子在一起的时光、给予孩子的情绪反应和家庭氛围才是真正让孩子难以忘怀的回忆。然而，我们不可能一直思考孩子会记住什么、怎样记住。不过，时不时地反思一下还是很好的。

情感氛围 —— 气氛至关重要

想象自己去地球的另一端旅行，或者去最近的公园。你是否能够享受在很大程度上取决于天气条件。与正在旅行的朋友交谈时，我们问的第一件事往往是"天气怎么样"？我们都知道，与实际目的地相比，温暖宜人的天气在旅行体验中或许更重要。

外面的天气奠定了气氛基调，不论是在旅行中，还是在养育孩子时，或是在家中。孩子受"天气"影响很大；从他们的情感环境来看，也许比其他任何事情都更重要。他们年少时的积极经历为他们长大后形成稳定、乐观和冷静的个性奠定了基础。谁不希望孩子以后会成为那样呢？虽然孩子不可能在完全没有压力，没有任何冲突、争论或动荡的环境中长大，但确保让他们拥有更多的积极感受和经历，以及更少的争论、愤怒是父母的责任。

情绪的传染性和永久性

感受往往具有传染性。我们在谈论"负面"情绪时，通常会提到这种说法。当所爱的人对我们生气时，我们会立即被这种怒火"传染"，然后将怒火又发泄回对方身上。别人批评我们或表现出失望时，我们想要保持冷静并不容易，不被这些情绪"传染"也不容易。不过，这种"情绪传染"也可以用于积极方面。如果我们能够创造一个轻松、快乐和有趣的环境，一个可以自由表达自我、发挥幽默感和创造力的安全场所，那么孩子很容易感受到这种氛围。

请寻找能够在家中营造快乐和积极氛围的东西，比如，音乐便可以创造一个快乐和平静的环境。在日常生活中，在打扫、做饭、洗澡时加入音乐是件很容易的事。所以不要再责备孩子没有打扫自己的房间或者不听话地拒绝洗澡，不如让他们一边听自己喜欢的歌曲，一边去做那些事。可以给他们设置挑战，要求他们在歌曲结束时完成家务，把家务活变成有趣的游戏。（参见第13节关于"汤姆·索亚效应"的内容）

围着桌子一起吃饭，排除一切电子设备的干扰，也可以创造积极快乐的环境。大家一起吃饭时，最好让每位家庭成员轮流分享他们当天的有趣经历，依次展开对话。*今天有什么开心的事？*这样的对话在很多层面都颇具价值。首先，可以帮助每个家庭成员了解各自日常活动的最新情况，让孩子意识到，我们除了是他们的父母，还拥有自己的生活。其次，这样的对话可以培养孩子的倾听技巧，使他们对他人的经历更富有同理心。此外，最重要的是，当分享一天中的积极经历时，我们会让这些事件在大脑的意识中占据更为重要的空间，有助于提升我们的情绪。此外，对当天发生的事情积极反思有助于我们在记忆中"标记"这些事件。（参考第8节与感谢相关的内容）

以上每个观点均有神经学解释。我们开怀大笑，或者心情平静时，大脑就会释放内啡肽。我们与所爱的人进行积极互动时，大脑会释放"爱情荷尔蒙"——催产素。催产素和内啡肽都会极大地促进我们的愉悦感，提升我们的生活乐趣，让我们想与所爱之人共度更多时光。由此产生积极的循环，且不断增强，美好的体验又带来更多美好的体验。正如我之前所说，感受具有传染性和永久性。感觉会烙印在我们的脑海中，当前的积极感受会带来未来更多的积极感受。今天的喜悦、爱和好奇会增加明天的喜悦和爱的时刻。

> **大脑的消极偏见**
>
> 然而，有时候回忆日常生活中的积极时刻很困难。造成这种困难的原因与一种叫作大脑消极偏见的生存机制有关。这种神经机制会放大并引导我们回忆消极和不愉快的事件，而不是那些积极的事件。从进化角度上看，消极经历对我们的生存具有更大影响。如果树林里有一只老虎，我们必须时刻保持警惕，这样才能更好地保护自己。数百万年的进化使我们更容易记住老虎，而不是美丽的鸟儿和蝴蝶。
>
> 然而今天我们终于意识到，"鸟儿"和"蝴蝶"对我们的心理健康和幸福有多么重要。因此，为了克服我们的消极偏见，请鼓励孩子重述他们生活中积极的一面，同时训练他们的大脑更多地关注积极的经历，认真享受其中。同样，你自己也应该这样做。多留心每天的积极体验，然后与家人分享，你们都会从中获益。

简单时刻的魔力

养育子女的挑战之一就是缺乏时间，即父母与孩子之间缺乏一起相处的时间。也许因为父母陪伴孩子的时间不够，或者无法专注地陪伴孩子，所以导致了"高质量陪伴"这个词的出现。从字面上看，似乎我们能通过高质量的陪伴来弥补我们在孩子日常生活中的缺席，但事实并非如此。首先请记住，"时间"以"数量"来衡量，而不是"质量"。其次，"高质量"这个词确实有一定的存在意义，比如引发父母的内疚感，*"我希望自己能经常带孩子去剧院和工作坊……"*

然而，当我们对父母和孩子之间的相处进行研究之后，发现美好的亲子时光都在日常生活中的简单时刻里。这些简单时刻实际上可能对孩子以及我们与孩子之间的纽带具有重要价值。这些时刻可以是一起叠衣物、一起在超市购物，甚至短途开车时的轻松交谈。只要我们为这些时刻赋予意义，那么它们就是无价之宝：**"我喜欢我们今天下午的谈话。我很高兴你分享了你和你的朋友在学校发生的事情。"**

此外，与其因为未能为孩子创造"美好时光"而深感内疚，不如让他们加入我们喜欢的一些活动，这是与孩子共度美好时光最简单的方法。如果你喜欢在大自然中散步，那就带上孩子出去旅行；如果你喜欢烘焙，那就让孩子和你一起做面包；如果你喜欢踢足球，那就和孩子一起踢球；如果你打算在家里看电视上的足球比赛，就邀请孩子一起观看。当我们真正享受自己，而不是强迫自己和孩子完成所谓的"高质量陪伴"的时候，孩子可以感受到我们的快乐，并被这种快乐情绪"传染"。

换句话说，与孩子共度时光是必不可少的；孩子需要我们始终如一的陪伴。但是，如果我们真正考虑与他们在一起的最佳时刻，我们可能会发现这些时刻的"质量"并不取决于行为本身或我们为实现它而付出的努力。真正重要的是我们的情感陪伴，即全身心投入与孩子的谈话，倾听孩子的心声，与孩子之间建立真正的情感连接。这就是我之前说过的"简单时刻"的魔力。

单独相处的特殊意义

在研究人们的童年记忆时，我们发现很多非独生子女都记得与父母单独相处（没有兄弟姐妹在身边）的时刻。这个发现很重要，为何如此？

当孩子与他们的兄弟姐妹在一起相处时，他们常常被归入某些不一定反映他们真实自我（或他们希望成为的人）的类别，比如，"固执的孩子""好胜心强的孩子"，甚至"容易搞定的孩子"。然而，当我们与孩子单独相处时，我们允许他们成为真实的自己，摆脱他们被迫扮演的任何角色，这种体验很有意义。

不过说起来容易，做起来难。我们的生活都非常忙碌，没有什么比与家人一起活动更自然的了。（这是正常的，也是完全可以接受的）有时我们会和某个孩子单独相处。(比如其他孩子出去和别人玩耍，或者参加课外活动时）我们也可以创造这样单独相处的机会，（比如*"谁想和我一起出去办事？""谁想在附近散散步？"*）在这种情况下，重要的不是你和孩子做什么，而是单独相处。

单独相处对我们和孩子都很有意义。*"和你在一起很开心。""我喜欢今天和你在一起——你是一个非常棒的孩子，好奇心很强。"* 此外，除了与某个孩子单独相处，与部分家庭成员的相处也很重要：*"仅限男孩""仅限女孩""年龄较大的""喜欢篮球的人"*。每个不同的分组都有着不同类型的动力和体验——这些体验让他们能够在家庭中找到多变的位置，这是一件很棒的事情。

来自1000名儿童的优质育儿建议

从孩子的角度来看，什么更具有意义？

艾琳·科特（Erin Kurt）是一名来自加拿大的老师和家庭教师，她曾经做过一个有趣的项目。每年母亲节前后，科特都会让学生写一份关于"如何成为一个好母亲"的建议清单。其中有个问题是他们喜欢和父母一起做什么。这个项目持续了17年，涵盖了她任教的五个不同国家，最终她从1000多名学生那里积累了"建议"。

有意思的是，虽然孩子们的背景、种族和文化不同，但很多人都有相似的经历和建议。除了我提到的单独相处之外，孩子们主要列出了日常生活中的小事：*"我喜欢妈妈给我读睡前故事""我喜欢爸爸给我掖被子""我喜欢听父母小时候的有趣故事""我喜欢和妈妈依偎在一起，和爸爸一起看电视""我喜欢爸爸妈妈和我聊天，问我各种问题"*。他们还提到很喜欢和父母一起玩耍，甚至喜欢父母关心他们吃的食物是否健康，喜欢父母有边界和原则。所以，即使孩子因为不能多吃几颗糖果而闷闷不乐，或者抱怨宵禁时间过早，但最终他们会理解父母的良苦用心，也会怀念。

结语

就像外面的天气一样，拥有积极情感环境的家庭创造了良好的情感氛围，有利于孩子的成长和建立积极的童年记忆。养育孩子的过程中不生气或者没有压力是不可能的，但我们仍然要努力让积极的情绪和经历多于消极的情绪和经历。我们可以在与孩子的日常生活中，通过我们喜欢做的日常活动，那些一对一的时刻，以及通过为创造力和玩耍留出空间，来创造这种积极的体验。当我们享受与孩子一起度过的时光时，他们也会有同样的感受，并形成一个积极的情绪循环——这是一个自我强化的过程，每个人都能享受其中。

05

玩耍与创造力：不只是孩子，父母也应参与其中

我们不是因为变老才停止玩耍，而是因为不再玩耍而变老。

—— 萧伯纳

读到这里，你是否觉得养育子女是件严肃的事情？

那么请忘记这一点。育儿并不完全是件严肃的事情。我们可以和孩子一起嘻嘻哈哈，在地上打滚狂笑、和孩子打枕头战、一起在床上蹦来蹦去、一起骑马、互相泼水玩……（如果孩子独自玩耍，我们至少不要去打扰他们）

不过大多数时候我们都希望孩子做事有条理、干练、高效、热爱学习，完成"应该"做的事情。然而，在所有这些重要的日常任务中，我们必须记住，玩耍对孩子的情感、心理和社交发展有着巨大影响。是的，你没看错。玩耍、欢笑和幸福的家庭环境对于孩子的成长来说，比许多其他技能和知识都更重要。

如果你认为这一章关于玩耍的内容主要针对年幼孩子的父母，那么你又错了。本章适合所有人，不管是对于学龄儿童的父母、青少年的父母，还是我们成年人（在游戏方面，人类永远有一颗"年轻的心"）。我们一生都可以享受玩耍并从中受益。

所以，让我们来看看为什么玩耍对我们如此重要。

现实与想象之间的特殊空间

观察孩子玩耍时的状态。注意孩子多么认真地沉浸其中，多么专注，看看他们从中获得的乐趣。

玩耍，就其本质而言，发生在一个特殊的空间中——一个介于现实与想象之间、介于我们的内心世界与"正常"外部世界之间的空间。日常生活中的例行任务要求我们有针对性、办事高效、充满动力，而游戏不同：游戏有自己的规则。我们在玩耍时，至少可以暂时忘记现实规则，进入游戏世界中，享受一种富有创造力和乐趣的氛围。

玩耍也能让我们产生一种创造属于自己的世界的主导性，没有什么是不可能的。玩耍的形式多种多样，适合不同年龄阶段、性格和喜好的人，比如想象力游戏、棋盘游戏，还有运动。每种玩耍方式都各有特点。

想象力游戏：体验新身份

当孩子找到一把扫帚，然后骑上它，他们会在一瞬间成为他们想成为的人（或者他们最害怕的角色）。想象力游戏让孩子们能够探索不同的角色身份，拥有与自己完全不同的个性特征，为周围的物体发明新的用法，在短暂的时间内创造一个完全虚拟的现实。所有这些特征都可以培养孩子的创造力和好奇心，增强幽默感，让孩子充分享受其中。想象力游戏让孩子面对内心的真实世界：那些让他们害怕、好奇、幻想和期待的事情。当孩子与他人（朋友、兄弟姐妹，甚至父母）一起玩想象力游戏时，玩耍就成了一个锻炼社交能力的好机会。玩耍能让我们从不同的角度看待事物，有助于我们建立同理心、亲密关系和友谊，学会应对嫉妒和竞争。

因此，当孩子在家里玩想象力游戏而搞得天翻地覆时，请在阻止他们（并让他们在电视机前冷静下来）之前，先深呼吸，自己冷静下来。你要知道，创造力和趣味性是孩子情感和社交发展中最重要也是最神奇的元素。

桌游：有时候赢，有时候输

"大富翁"、拼字游戏、象棋、五子棋……除了想象力游戏外，孩子还可以从玩棋盘游戏和纸牌游戏中受益匪浅。这些游戏更有条理，能够提高孩子遵守规则、延迟满足和正确对待输赢的能力。

有些父母和孩子尽一切可能避免参与会角逐胜负的游戏。这些孩子觉得他们"必须总是赢"，所以往往会避免可能以失败告终的情况。这种现象在近几年似乎尤为严重。然而，失败是玩耍（和生活本身）必不可少且不可分割的一部分。拒绝失败的孩子通常对新体验处于回避和焦虑状态。对于孩子来说，学会应对失败非常重要。胜负博弈让我们可以从不同的角度看待问题：我赢了，就会有人输，反之亦然，这是一个值得学习的人生经验。

体育比赛：百利而无一害

*"为了健康成长，儿童应该减少久坐，多去玩耍。"*世界卫生组织的一份最新报告如是说。

面对足球、篮球、网球、乒乓球、羽毛球、跑步、游泳等众多体育项目，我相信每个孩子都可以找到最适合自己的运动。重要的是一定要将运动作为孩子日常生活的一部分。

与棋盘游戏类似，体育比赛能训练我们遵守规则和应对输赢。当然，体育比赛还有其他附加价值。体育运动对我们的身心健康的巨大作用是有目共睹的。竞技体育有助于为孩子建立积极的自我形象，培养孩子的社交技能和团队归属感，获得快乐。此外，当我们沉浸在激烈的体育比赛中时，整个世界似乎都"消失了"，我们得到了精神上的放松。所以说，体育运动实在是百利而无一害。

电脑游戏 —— 快乐时光到此结束

如果你读到这里，松了口气，觉得"太好了，我的孩子玩电脑和手机简直停不下来"，那么很抱歉让你失望了。与其他类型的游戏不同，大多数"屏幕游戏"（电脑、手机、平板电脑或其他设备上的游戏）实际上并不有趣。这些游戏节奏很快，很刺激，还包含暴力和侵略性的内容。

研究表明，孩子们玩电脑游戏时，大脑中最活跃的部分是负责生存的部分：战斗、飞行或定格，而不是负责玩耍、想象力和创造力的区域。一些电脑游戏甚至会导致大脑产生更多的皮质醇——一种在紧张和压力下释放的激素。长时间的激素释放会损害大脑发育。此外，电脑游戏还包含可能导致成瘾的因素。这些因素实际上非常危险。

成瘾的一个基本特征是需要增加刺激才能使人获得想要的感觉。因此，将"虚拟现实"当作现实的儿童会发现对"正常"的现实提不起精神，更不用说享受其中了。

换句话说，电脑游戏存在双重问题：不仅缺乏趣味性，而且往往会占用孩子的空闲时间，从而损害孩子的实际玩耍能力。此外，有研究表明，实际的玩耍能改善儿童情绪，而许多"屏幕游戏"则导致儿童产生负面情绪。因此，如果我们希望孩子能够真正地玩耍，就必须减少他们的屏幕使用时间，而不是将电脑游戏视为真正的游戏（更多信息详见下一节内容）。

玩游戏永远不嫌晚

"正是在玩耍中，也只有在玩耍中，个体才能发挥创造力和全部个性，个体只有在创造中才能发现自我。"

著名精神分析学家唐纳德·温尼科特（D. W. Winnicott）的这一观点，

> 阐明了玩耍对儿童和成人心理发展的重要性。温尼科特是从创造性的角度来看待玩耍的。一个人为了让自己快乐，而不是为了一个固定的或外在的目标而做的任何事情，如绘画、雕刻、演奏乐器、听音乐、观赏戏剧、运动、烘焙等，都可以被认为是有趣的、有创造力的。其实，创造力是成为人类的真正意义，也是幸福的最终源泉。
>
> 温尼科特强调，玩耍和创造力没有"终点线"——没有哪个年龄会被认为"太老"或不适合玩耍和创造。因此，在任何年龄培养玩耍和创造的能力都很重要，因为这是我们生活中不可分割的一部分。孩子们玩的是不同的玩具和游戏，而成年人"玩"的则是想法和思路，即发明、创造和想象。沉浸在一本好书里，或者在看一部惊心动魄的电影时，抑或是演奏乐器、听音乐或创作一些东西时，我们都处于"玩"的状态中——一个介于想象和现实之间的状态。或者说，任何艺术表现形式都包含玩耍和创造力的元素，无论我们多大年纪，它对我们的心理健康都有很大帮助，艺术可以永远滋养我们。

如何改善孩子的玩耍体验？

首先，也是最重要的——不要打断他们

孩子们天生就爱玩耍，而且一有机会就去玩。我们不用教他们怎么玩，也没有必要引导或指导他们；不需要购买任何特殊的器材，甚至不需要在这方面花时间。道理很简单——只要我们不打扰他们，孩子就会玩耍。另外，神经科学最近发现，我们体内运行着与神经学和遗传学相关的"玩耍系统"。我们与生俱来就有玩耍的内在需求，大脑中存在着某种轨迹，引导我们朝那个方向前进。所以很多动物也爱玩耍。此外，在玩耍时，我们的大脑会分泌某些化学物质，特别是内啡肽和多巴胺，它们是天然的快乐诱导剂，可以保护我们免受痛苦，为我们带来快乐，甚至有助于增强我们的免疫系统。

只是，我们需要注意：当孩子沉浸在玩耍中时，我们应该阻止自己的随意评判（**"你没有很好地利用时间"**，或**"一个 11 岁的女孩不应该玩洋娃娃"**——最终你可能会惊讶地发现事实完全相反……）。此外，尽量不要对游戏产生的噪音和混乱感到过于紧张——毕竟，没有比孩子们玩耍时的欢笑更美好的声音了。

为孩子创造一个安全空间，允许他们拥有空闲时间

想放手让孩子去玩耍，就必须让他们感到安全和受到保护。如果孩子感觉受威胁，就不能轻松参与到玩耍中。他们根本就不敢玩。如果你的家没有安全感或者气氛很紧张，那么孩子基本就不会在家里玩耍；如果孩子被父母的各种要求"淹没"（**"我告诉过你要收拾房间！"**），他们也无法沉浸在玩耍中。

参与过多活动则无法真正享受其中

课外兴趣班和活动有很多好处。孩子可以接触到全新的爱好和兴趣，还有机会与熟人社交圈之外的更多孩子建立联系，这是个很好的渠道。不过，依然要掌握好分寸，不要过度。如果孩子在各项课外活动之间辗转奔波，而没有休息时间，那就失去了玩耍的价值，即完全出于自发性，或者说享受一种没有任何明确目的的"存在"。

"每个成年人的心里都有一个小孩"：与他一起玩耍

不仅仅是孩子们喜欢玩耍，我们也喜欢玩耍。毕竟，无论年龄多大，曾经的童心仍然是我们的一部分。的确，我们并不一直都有时间，孩子也可以在没有我们陪伴时自己玩耍。但父母和孩子一起玩耍的好处是无法形容的——无论孩子（或父母）年纪多大。共同的玩耍时间为父母和孩子之间建立了特殊的情感纽带，增进了不同形式的交流和共享的乐趣。祖父母也可以成为与他们孙子

孙女玩耍的好伙伴。

想要建立这样的情感纽带，你需要找到适合你们的玩耍类型——既是你喜欢的，也可以时不时让孩子参与进来。可以是任何类型的运动，或者是棋盘游戏（比如你小时候喜欢玩的游戏），或者像对着镜子做鬼脸这种简单的玩乐形式。全身心投入地和孩子一起玩，暂时忽略现实，放下手机，沉浸在与孩子的玩耍中，沉浸在一个充满想象力、欢声笑语、有输赢、有竞争的世界，所有这些情感连接都具有巨大价值。

给予孩子一个机会，去赢或者输

你是否已经习惯了在跟孩子玩耍时故意让着他们（**"因为这是成年人应该做的事情"**）？从孩子六七岁开始，让他们偶尔体验失败是很有意义的。孩子们害怕失败，甚至会因此而害怕和别人一起玩的这种想法是错误的。输赢游戏的目的就是单纯地享受玩耍，最后结果并不是最重要的部分。有时候你会赢，有时候你会输，生活本来就是如此。

同样，孩子们申请加入学生会、社团或高中代表队，甚至"打赌"是否可以把那个一起上数学课的女孩约出来，这些都是输赢游戏。只有那些愿意冒着失败或被拒绝的风险的孩子才会真正尝试。就算结果不是你所期待的，但这样的经历都具有价值，过程有时比最终结果更重要。

在日常生活中融入有趣的氛围

在前一节中，我说过家里的气氛很重要。一位名叫芭芭拉·弗雷德里克森（Barbara Fredrickson）的美国心理学家兼研究人员指出，养育孩子的积极体验与总体体验的比例至少应为1∶3。家庭里每出现一次负面互动（即愤怒、压力、打架等），就至少应该有三种积极互动（笑声、乐趣、拥抱、赞美、惊叹、正向强化和快乐时刻）。虽然研究结果是一个固定比例，但大家还是认为充足的积极体验和良好的家庭氛围可以促进孩子的心理健康和人生幸福，有助于他们建立自我价值。

所有好的结果其实都在你的掌握之中。只要你愿意在日常生活中营造趣味的氛围，那么即使是常规的、乏味的事情（如淋浴、整理房间、收拾餐具、长途驾驶），也会变得有趣和愉快。与需要互动的玩耍不同，营造趣味氛围不需要我们特意预留时间。只要我们有这方面的意识，其实就可以在日常生活中融入玩乐与趣味，我们的生活也会更加快乐和美好。

结语

玩耍、趣味和创造力是保证儿童心理健康的重要活动，对于青少年和成年人来说同样如此。玩耍永远不会"太晚"。玩耍可以在现实和想象之间建立一种特殊的联系，一个可以创造新世界、增加快乐和活力的空间。

孩子们会从想象力游戏、棋盘游戏和体育运动中受益匪浅。大多数电脑游戏并不一定会促进趣味性和创造力，而且由于其中的暴力和有害内容，可能会带来一定的危险。这样的电脑游戏也有成瘾成分，会消耗孩子大量空闲时间。

我们作为父母，必须注意不要打扰孩子玩耍。其实我们可以从与孩子一起玩耍中获得欢乐，在日常相处中营造有趣、愉快的氛围。

06

电子科技时代：不要让电子产品夺走孩子

我们塑造了工具，工具又塑造了我们。

——马歇尔·麦克卢汉（Marshall Mcluhan）

在科技与电子屏幕时代抚养一个充满快乐的孩子？孩子的快乐与屏幕有什么关系？

答案可能会让你大吃一惊：绝对有联系，而且是反向联系。实证研究结果证明，电子产品会损害孩子的幸福感；在屏幕前的时间越长，孩子就越不快乐。

说实话，用隐形墨水写这一节可能会更好，它会消失，让你可以重写所有内容、改变、更新、删除，或是修复。否则你怎么能写关于屏幕时代的育儿呢？每一次以当前的技术为基础的尝试，都可能在眨眼间就已经过时，我们无法看到未来。今天的"科幻小说"可能就是明天的现实，一切都发生得太快了。

尽管如此，我还是会尝试。我将在这一节介绍科技与电子屏幕时代的育儿之道，因为并非一切都变化得如此之快。虽然技术以惊人的速度发展，但不变的是人性的本质。育儿方式的演变是人类在数百万年的进化中取得的成就。那么，屏幕技术到底是加速了育儿的发展，还是一种威胁？屏幕干扰我们生活的哪些方面？到今天还很难说。

屏幕技术还很年轻，我们缺乏有关其长期影响的研究结果。然而，有一点是确定的，这将作为我们的起点：屏幕时代已经开始，而且会一直存在。此外，毫无疑问，屏幕技术还有无数优势：触手可及的无限知识，接触美妙的文化资产（如曾经写过的每一首歌曲和诗歌），与来自世界各地的人们进行无障碍沟通交流，能够与儿时的朋友保持联系，为残障人士提供令人难以置信的解决方案，等等。如果有人仍然质疑屏幕技术存在的必要性，那么纵观居家办公的发展形势，这些情况无疑强调并放大了屏幕无可取代的重要性。正是通过屏幕，我们才能与所爱之人保持沟通，才能在特殊时期正常生活。但是，尽管屏幕时代给我们的生活带来了这些积极便利的改变，我们也必须要意识到屏幕的一些缺点。本节中，我将分享一些指导原则，帮助家长们充分利用屏幕技术的优势，尽量减少它们可能造成的损害。

限制屏幕使用时间

"孩子们现在喜欢奢侈品；他们举止不端，蔑视权威；他们不尊重长辈，喜欢喋喋不休，不爱锻炼。孩子们现在是'暴君'。长辈走进来，孩子也不再起身表示尊敬。他们顶撞父母，与朋友一起吵吵闹闹，在餐桌上狼吞虎咽，喜欢盘腿坐，还欺负老师。"

你能猜出来这些话是谁写的，什么时候写的吗？

答案揭晓，这些话是苏格拉底在公元前 450 年写的！

似乎每一代人都认为新的一代正在走下坡路。但是限制屏幕使用时间就可以让孩子免受屏幕的消极影响吗？当然不会。正如我所说，屏幕时代的生活存在很多干扰，我们至少应意识到这些干扰。

这些干扰从什么时候开始，以什么形式出现

根据美国互联网协会的数据，美国超过三分之一的婴儿在学会走路或说话之前就拥有了"智能设备"！如今，婴儿一边看视频，一边坐着吃东西，这种场景并不罕见（*"因为这样可以让他们更好地吃饭"*）；走路还不会保持平衡的婴儿，手里拿着屏幕蹒跚而行（*"不想让他们感到无聊"*）；一家人一边吃饭，一边在手机上看搞笑视频（*"因为这样可以保持和谐，防止打架"*）。屏幕无处不在，无时不在。

为什么这是问题呢？

家庭聚餐是一个很好的机会，可以提高孩子的沟通和社交技能。分享我们一天的经历，倾听别人说话，表现出兴趣，了解其他家庭成员平日里都在做什么。就算有时候我们会因为某道菜而争吵，但是请记住，好处多于坏处，家庭争吵也是一种重要的沟通方式，孩子们可以通过这种方式学到很多东西。

而那些在屏幕前吃饭的孩子呢？这种情况使他们失去饥饿感和饱腹感，抵消了伴随进食而来的味觉和嗅觉体验。他们的注意力在别处，甚至没有意识到自己在吃什么。坐在屏幕前吃饭的婴幼儿失去了与照料他们的人进行愉快而有趣的互动的机会（*"好吃吗，宝贝？""你还想再来点吗？"*）；对于年龄较大的儿童，在电视前进食非常不健康，可能导致肥胖等问题。

这些主题与每个人息息相关，甚至是我们成年人。尽管如此，它们对我们的孩子可能具有特殊意义。我们的孩子出生在各种电子产品争奇斗艳的时代，从不知道以前的时代是什么样子。我之前说过，很难说这些电子产品会对他们的沟通技巧、幸福感和大脑发育产生什么持久的影响。然而，大多数专业人士倾向于认为，最好推迟儿童接触电子设备的年纪，越晚越好。同时要让孩子们接触现实世界和自然奇观，比如身体体验（*"光脚走在沙滩上感觉太好玩了！"*）、人文景观和社会景观等，这个世界是如此美好。

我们可以无聊一会儿吗？

在过去的几年里，"无聊是敌人"的概念渗透到我们和孩子的生活中。（**"妈妈，我很无聊！"**）曾几何时，我们本可以坐在咖啡馆里，等待朋友的到来，一边环顾四周，一边发呆、做白日梦……只是无聊发呆而已。今天，无聊已不再可能。我们手头总是有那个小屏幕能够以各种内容填充我们所有的时间。每一分钟都被充分利用，没有休息。但实际上，无聊可能会带来积极结果。

精神分析学家唐纳德·温尼科特将"独处能力"视为保持健康心理状态的重要品质。最近的神经科学研究证明了温尼科特的这一观点是完全正确的。当我们休息、无聊、"无所事事"时，大脑会激活一个叫作"默认网络"的神经系统。这个系统负责通过我们的白日梦、想象力、思考和反思能力来"维持"大脑的正常运转，有利于促进创造力，也是心理健康的标志之一。

这正解释了为什么无聊和"无所事事"是创造力和想象力不可替代的内在动力。而电子产品正在将这些宝贵的时刻从我们和孩子身边夺走。所以，下次你的孩子大喊**"妈妈，爸爸，我很无聊！"** 时，告诉自己：**"太好了，让他们暂时无聊吧……无聊了才会创造新东西。"** 另外，不要试图去寻找一种快速的解决方案来消除无聊。

电子产品使用时间越长，亲子时间越少

我们必须承认，电子产品为我们提供了简单易行的解决方案，让我们拥有更多的安静时间，而且还是个完美的"保姆"。无论是我们下班回来又累又忙时，还是在医院候诊时，或者只是需要休息一下时，电子产品不费吹灰之力，就可以成为孩子的"替代父母"。但这样做的后果是什么？似乎电子产品正在与我们争夺孩子的陪伴时间，还占了上风。

比如说，让孩子用平板电脑听预先录制的故事，要比给他们读一本真正的书要容易得多。电子书使用方便，节省时间，还能避免我们给孩子阅读一本真

正的书时出现争吵。（"**爸爸，再讲一个故事，求你了！**"）给孩子读的故事也完全一样，"**两者有什么区别？**"但是，很明显这是两种截然不同的做法。哪一种做法更好呢？听一本真正的书对孩子的成长有很大帮助，主要体现在他们的语言技能、理解力、想象力、情感发展，乃至情绪调节等方面。而听电子故事并不一定有这些好处。（有关信息请参阅本节的框内文字）

如果是大一点的孩子——那些不再记得你曾经给他们读过睡前故事的孩子呢？近年来，很多孩子已成为电子产品重度用户。如果我们不设置限制，那么孩子每天看屏幕的时间会达到五六个小时，甚至可能更多，这会带来什么问题？

想象你每天和孩子相处时做了哪些事：倾听孩子的言语、拥抱他们、生他们的气、安慰他们、给他们做饭、和他们一起玩耍、叮嘱他们预习课本。但是，当孩子一天中有那么多时间都在屏幕前时，他们和我们相处的时间就越来越少。也就是说，每天花好几个小时在屏幕前的孩子，获得的父母陪伴非常少。此外，他们也很少运动，很少和朋友出去玩，人际交流也减少了，这样并不好。

有趣的现象：纸质书与电子故事书 —— 孩子的大脑会发生什么？

大脑磁共振成像（fMRI）研究结果表明，当孩子们在听父母给他们读故事书时，他们的大脑会激活许多不同的神经系统，如负责理解语言的系统、显示想象力使用的系统、与共情相关的系统等等。这些神经系统同时运作，且完全同步，就像管弦乐队完美和谐地演奏美妙的音乐作品一样。这种大脑活动有助于提升儿童的执行功能——让我们日常生活正常运作的重要功能之一。

然而，使用电子产品阅读电子故事会以完全不同的方式刺激孩子们的大脑。这个过程激活的是大脑中负责简单、即时注意力的区域。前面

> 提到的所有神经活动根本不活跃，或者只以次要的方式活跃并且没有同步性。当孩子在看平板电脑时，大脑中神经系统的"管弦乐队"便无法演奏出动人旋律。进行这项实验的研究人员发现，以电子产品取代父母用真正的纸质故事书为孩子阅读，会损害孩子的基本执行功能。
>
> 另一项研究发现，人们阅读纸质书时，对于文本的理解和大脑处理水平远高于我们用电子产品阅读相同文本时的水平。即使在今天这个时代，"真正的"书籍仍然没有替代品，而且毫无疑问，父母和孩子一起阅读故事时建立的情感纽带也没有替代品。

电子产品削弱我们的幸福感

2018年，美国研究员让·特温格（Jean Twenge）发表了一项深刻而全面的研究成果。四十多年来，特温格一直在研究青少年的幸福和情感问题。1976年至2016年期间，她收集了超过1100万份居住在美国的青少年的问卷。研究结果令人震惊。

首先，特温格发现，从2012年开始，儿童和青少年的幸福感发生了相当戏剧性的变化：他们的情绪急剧恶化，抑郁症的发病率飙升，12岁至14岁儿童的自杀案例翻了一番。这些令人不安的事实似乎与人们越来越多地使用当时已成为主流的智能设备有关。

其次，特温格发现了儿童和青少年在空闲时间从事的活动类型与他们的情绪之间存在联系。运动、户外活动和社交聚会与儿童的幸福感呈正相关；而电子产品使用时间与负面情绪和抑郁症有关。令人震惊的是，科学证明青少年在电子产品上花费的时间越多，他们的沮丧和悲伤情绪的比例就越高。（见附图）

特温格在总结这项研究时说，我们不必将自己与智能设备分开，但我们应该学会使用它们，而不是让设备"使用"我们。

青少年的快乐源泉是什么？
14 岁至 16 岁青少年的活动及其与情绪的关系

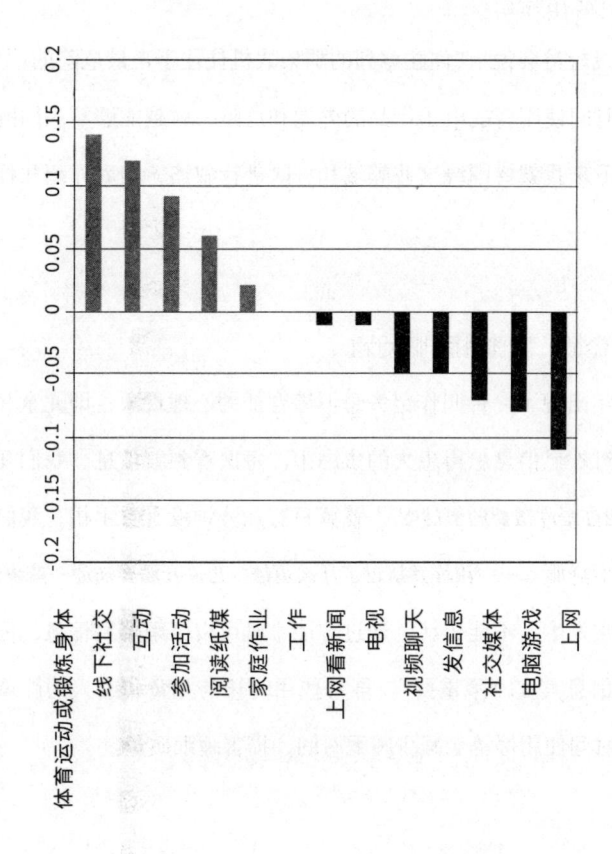

来源：Twenge, J. M., Martin, G. N., & Campbell, W. K. (2018). Decreases in psychological well-being among American adolescents after 2012 and links to screen time during the rise of smartphone technology. Emotion, 18 (6), 765–780.

需要注意的其他危险

智能产品时代已经开始，而且会一直存在，那么讨论智能产品时代的问题和危险性有什么用呢？

战斗机飞行员会说："你注意到的那架战机往往不是最危险的。"因此，我们越了解长时间使用智能电子产品的弊端和危险，就越能够解决问题，减少负面影响。接下来我就要围绕这些弊端和危险进行叙述，然后介绍几种应对这些问题的方法。

错失恐惧综合征、紧张和睡眠问题

过去几年出现了一种叫作错失恐惧综合征的心理现象，即儿童和成人生活在不间断地对外界信息患得患失的焦虑中。每次看到新信息，我们几乎都要跳起来——"*也许是件重要的事情呢。*"就算只有几分钟没有看手机，我们也会开始感到紧张和不舒服——"*也许我错过了什么事情，也许我需要知道一些事情的进展。*"这种情况时常发生。不能否认，通过智能手机可以了解重要信息，但大多数情况下，这些信息其实"不重要"。屏幕使用时长与儿童和成人的严重睡眠问题也有关。长时间使用屏幕会减少睡眠时间，损害睡眠质量。

上瘾的危害

如今，各种智能电子产品已经让我们真正地上瘾了，而且这种现象的严重程度还会逐年升高。智能产品上的游戏和应用程序操作越来越复杂，这些都是为了让我们越来越频繁地使用它们。专业人士和神经学家将屏幕对儿童的影响与使用硬性药物的影响进行了比较。美国精神病学家维多利亚·L. 邓克利（Victoria L. Dunckley）在她的《重置孩子的大脑》（*Reset your Child's Brain*）一书中，以一系列实例说明了过度使用屏幕会导致儿童和青少年罹患精神疾病与障碍。在这种情况下，还需要特别注意患有多动症（即注意缺陷与多动障碍）

的儿童，以及有社交障碍的儿童，他们对屏幕成瘾的风险更高。

损害人际交往的危险

人是社会性动物。我们的人际沟通技巧在我们生命最初的几年发展最为迅速，而其发展主要是由于我们与其他人的接触。人际交往有不同的方面：面部表情、眼神交流、语言和非语言交流、说话音调等。长时间盯着屏幕减少了我们体验这种真正的人际互动的机会，还会影响我们沟通技巧的培养。不要自欺欺人：一边玩游戏一边通过电脑与他人"交流"，这并不是真正的人际交往，也无法面对面交谈。

接触不良信息的危险

父母都希望孩子远离与自己年龄不符的内容，而屏幕引发了这一隐患。使用智能手机的儿童，即使不去主动搜索，也很容易接触到暴力、有害或色情内容。儿童无法事先筛选内容、理解其含义或保护自己免受其影响。

社交层面的危险

在上面列出的危险中，社交危险可能是最有害、最令人不安。孩子们过着被他人包围的生活，他们需要学习"尝试"体验各种各样的情绪和社交场合，并学会正确应对。被其他孩子排斥，对于孩子来说可能是非常残忍和严重的经历之一。各种各样的聊天群和社交网络使这些现象比过去更常见、更有害、更危险。假设一个孩子在群聊中说了些话，然后被人一键踢出群聊，你可以想象这个孩子在众人面前窘迫的样子，以及心理上的屈辱感。

以前，一个女孩辱骂另外一个女孩时，她可以通过观察对方的面部表情了解她的话对那个女孩的影响。这种即时的表情反馈可能会让这个女孩感到歉意，或者至少让她意识到自己的不良行为。而现在，当我们的孩子躲在屏幕后互相辱骂时，人性或情感层面的反馈就产生了缺失，如同根本不存在。此外，在许多情况下，孩子们通过屏幕互相伤害时，还有其他几十个孩子同时目睹了这一切，这使得孩子受到的伤害更严重，对于社会的影响和危害也更为极端。

以前，这些问题主要出现在学校。孩子们回到家后，回想白天在学校发生的那些事，在安静的环境下可以从这一切中解脱出来。他们的家仍然是一个避风港。如今，孩子没有片刻的安宁，也没有休息的时间。而且，最严重的社会攻击可能发生在家里。所有的社会攻击都通过屏幕触达每个人，你无法离开网络生活。

青春期还会带来额外的危险。想象一下，一个十几岁的女孩穿着比基尼玩自拍，然后把照片发给她最好的朋友。谁知道好朋友的弟弟发现了这张照片，眨眼间就转发给了他所有的朋友。几分钟之内，这张照片就在数百名男孩和女孩之间传遍了。有些人只会觉得"有趣"，但有人觉得用修图软件把照片变成赤身裸体的样子似乎是个很好的恶作剧，毕竟裸照更具吸引力。那么，那个女孩第二天早上到学校会发生什么，我们不敢想象。

不幸的是，这样的场景是真实发生的，这类事情可能发生在每个青少年群体中。

那我们应该怎么做呢？

如果你的孩子年纪尚幼，那么**请尽可能推迟孩子接触屏幕的时间**。你不用担心孩子会因为不看屏幕而错过任何东西。实际上恰好相反。孩子接触屏幕的时间越晚，就越有机会体验"真实"的世界，尤其是享受人际交往的好处，这比单纯的言语更重要。

从孩子接触屏幕的那一刻起，就**不要将他们单独留在那个虚拟空间中**。你也要玩他们正在玩的游戏，一起探索各种应用程序，确保你了解他们所接触的内容，关注他们社交网络中的动态。孩子开始骑自行车时，首先需要辅助轮；

然后是我们在他们身边进行保护,直到他们慢慢学会保持平衡,不再需要家长的帮助。同样的,我们也要保护孩子不受电子科技的不良影响,不能将孩子独自留在这个复杂的虚拟世界中,他们需要我们和他们在一起。

设置屏幕使用的基本规则并始终如一地执行。孩子的手机仍然是你的,不是"他们的",你完全可以有理由(甚至有义务)制订使用规则。比如,一家人去餐厅或去外婆家,准备与家人共度时光时,就不必带上孩子的手机。还有,孩子有朋友过来玩时,你要告诉孩子把屏幕放在一边,专心享受友谊时光:一起打篮球、跳绳、玩纸牌或棋盘游戏,或者就是单纯地见面聊天。

孩子第一次拿到"智能"设备时,建议让他们**签署一份屏幕使用条款的表格或合同**。如果要起草合同,你需要考虑对你来说最重要的事情。比如要求孩子将手机主要用于通信,而不是玩游戏。你还可以决定孩子可以下载哪些应用程序,下载任何其他应用程序前都必须得到你的批准(有专门针对此目的的特殊应用程序)。

在孩子开始使用手机的头几年,你需要让他们知道你会**时不时检查他们的手机、了解他们用手机做什么事**。只要你制订的规则清晰、明确,孩子是可以接受的。

向孩子解释可能出现的危险:什么是允许的,什么是不允许的。指导他们应该如何应对儿童不宜内容,要求他们在任何情况下都不应该向其他儿童转发自己收到的有害信息。鼓励孩子来找你,告诉你他们在网络空间中遇到的任何问题。

鼓励孩子参与有趣的活动——网络空间之外的活动。毕竟,减少孩子看屏幕时间的最有效方法就是鼓励他们在日常生活中多参与其他活动,而不是使用智能电子设备完成的项目,比如社团、运动、兴趣班、演奏乐器、跳舞、社交等。大多数情况下,孩子无事可做时,就会使用屏幕。因此,在孩子的日常生活中融入的有趣活动越多,他们在屏幕前花的时间就越少。

注意自己在孩子面前的榜样形象。承认吧，我们都上瘾了。我们是重度屏幕用户，孩子们会模仿我们。他们看到屏幕如何成为我们生活中不可分割的一部分；他们看到我们如何跳过每条短信；他们看到我们经常沉浸在毫无意义的游戏和社交媒体中。如果我们想让孩子有一个合理使用屏幕的时间，那么应该为他们树立正确使用屏幕的榜样：最好把电子设备放在一边几个小时，或者有时就把电子设备留在家里，另外在与孩子交谈或玩耍时要充分陪伴他们。

为了自己的需求而充分利用屏幕技术。除了了解自己的行为模式，了解如何利用屏幕技术满足育儿需求也同样重要。比如，一些群组可以与其他父母（孩子朋友的父母）直接沟通。当你听到孩子说："可是每个人都被允许……"（下课后买冰激凌、半夜才从聚会中回家、喝酒——每个年龄段的独特挑战）这时即时通信的作用就显现出来了。电子设备让父母能够及时联系到孩子，和孩子沟通。

不要让屏幕成为孩子的"替代父母"。电子设备既使用方便，又充满诱惑，但需要记住，电子设备不是人际交往和面对面交流的替代品；更重要的是，它们不是育儿的替代品。孩子通过与父母的关系而成为"人"：父母是他们生活中的存在，指导他们，与他们进行良好沟通，保持协调。这些为人父母的重要品质我们不能忽视。请记住，今天的孩子是明天的大人。

结语

电子产品已经渗透到我们的生活中，无处不在，无时不在。虽然我们都知道电子产品的优势数不胜数，与它们的存在抗争也无济于事。但是，我们仍然有必要了解它们所带来的危险，减轻可能造成的伤害。

对于蹒跚学步的儿童，越晚接触电子产品越好。儿童最需要与成年照顾者建立关系，而电子产品会阻碍他们与外部现实世界的互动。

对于年纪稍长的儿童，家长需要控制其使用电子产品的时间。陪伴很重要，你需要确保他们不会接触到不良内容，或者通过屏幕参与消极的社交互动。不要让孩子对屏幕上瘾也很重要。归根结底，以聪明、适度的方式使用屏幕的孩子往往比一天中大部分时间都停留在屏幕前的孩子更快乐。

07

情绪管理：父母听得进去，孩子说得出口

请允许我从一个在家长群体之间口耳相传的故事开始：

在超市购物时，一位顾客的孩子发脾气，尖叫道："糖果！我要糖果！"母亲平静地回答道："我们马上就好了，米娅，再过几分钟就好了。""糖果！"孩子继续喊道，"糖果，给我买糖果！"而母亲始终保持冷静："米娅，我们只需要买些杂货，马上就去收银台了，我们很快就好。"这一刻，孩子"失控"了。她踢着脚，挥舞着手臂，歇斯底里地抽泣着："糖果！我要糖果！我要回家！""我们一会儿就开车回家，米娅，"母亲继续用柔和的语气说，"我们马上就好，开车很快就可以到家了。"然后，这位母亲走到收银台，付了杂货费用，推着手推车走向自己的轿车，孩子也平静了下来。

就在这时，一个刚从超市出来的年轻人走到了这位母亲面前，他目睹了刚才发生的一切。"你好，女士，几分钟前我在超市看到你，"他说，"我很佩服你应对小米娅哭闹时的冷静理智，你对她的沟通方式让我感到惊讶。""谢谢。"

妈妈笑着回答，"很高兴听到你的赞赏，但她的名字不是米娅。孩子叫艾玛，我才是米娅。"

我们对这样的场景都不陌生。调节孩子突如其来的情绪失控需要我们太多的精力。如今，我们越来越认识到调节孩子的情绪是为人父母最重要的任务之一。

孩子从出生后就几乎完全依赖父母的外部规定。孩子哭泣时，我们会寻找合适的方法让他们平静下来。但父母的监管不只存在于孩子的婴儿时期。在任何年龄，我们都在帮助孩子调节情绪，缓和他们的极端行为，帮助他们冷静下来、摆脱发脾气的状态，直到最终达到心态平衡。在某些生活实例中，情绪调节对我们的日常生活尤其重要。在过渡时期尤其如此：从家庭过渡到学校，从小学过渡到初中；当家庭迎来新成员时，或在青春期的动荡岁月中。

正如我们在上述故事中所看到的，父母调节孩子情绪的过程似乎也有赖于我们调节自己情绪的能力。

空调比喻

想要充分掌握情绪调节的能力，我们可以想一想空调的工作原理。空调的主要功能是调节房间内的温度。不管外面是暴风雨还是高温酷暑，只要室内有空调，就可以保持舒适的温度。

在任何极端天气条件下（无论是极冷还是极热），空调必须耗费大量能量来调节温度，而老旧的空调就无法做到。因此，我们需要大功率的空调，有时甚至需要两台。然而，如果外面的天气宜人，不冷也不热，那么任务就不那么艰巨了，任何一种空调都能达到效果。

父母和孩子之间的关系也是如此。有些孩子的情绪相对容易管理，他们的天性往往是容易冷静和满足的。如果孩子大多时候处于自在平静的状态，父母就不需要花费太多精力去营造一个良好的家庭氛围。确实，每个孩子都会时不时地情绪失控，但对于随和的孩子来说，这种情况很少出现，不会破坏家庭气氛。

但有些儿童和青少年特别容易烦躁，也就是那些有时会制造"暴风雪"或"高温酷暑"的儿童。他们发脾气、大声吵闹、在地上翻滚，或者"砰"的一声关上门……以空调做比喻的话，此时空调就需耗费更大功率来调节室温。但有时空调功率实在不够，有时候我们实在心有余而力不足。

我们会放弃或退缩，或者被自己的愤怒冲昏头脑并"失控"。那时我们自己也需要某人或某物来帮助调节情绪。如果你手头忙得团团转或者孩子们正在吵闹，那么这时候你面临的挑战就变得特别复杂，承认困难是解决困难的第一步。

那么，我们如何对待吵闹的儿童和青少年，或者正在经历艰难时期的孩子？在这里我将提供一些实用的建议。

你又掉进去了吗？—— 学习如何把自己从洞里挖出来

与容易发脾气或有情绪动荡倾向的孩子打交道的第一个阶段，就是帮助他们尽快摆脱情绪风暴，冷静下来。要想真正做到这一点，孩子们需要我们陪伴在他们身边，而不是站在他们的对立面，请注意，这里的前提是孩子并不能完全控制自己的脾气。所有的孩子（包括青少年）都想做个好孩子，都希望我们对他们及其行为感到满意。孩子自己也不喜欢发脾气，所以在孩子发脾气时，最重要的是尝试以快速有效的方式解决问题。（参见第 15 节关于应对儿童叛逆的内容）

为了更好地理解这一点，请想象一个孩子沿着一条到处都是坑洞的羊肠小道走路。由于周围处处坑坑洼洼，孩子一次次跌跌撞撞地掉进洞里。这象征着他们陷入情绪爆发，开始发脾气。然而，当孩子掉到洞里时，他们不需要你在上面讲大道理，不需要你大喊：*"你又掉下去了？你在干吗？我们受够了你的失误！"* 掉进洞里的孩子只需要一样东西，那就是一只稳定有力的手。他们需要你伸出手帮忙把他们拉上来。要想平静下来，有的孩子需要拥抱，有的需要洗把脸、喝杯水，或者出去散散步。也就是说，当我们要求孩子去自己的房间*"好好想想自己做了什么"*时，大多数孩子都不会冷静下来，这种方法通常是完全无效的。孩子陷入困境或发脾气时，他们需要你的陪伴以及帮助，来使他们摆脱困境。*"你又掉进去了？我帮你上来。握紧我的手——加油，上来了。"*

当孩子成功控制住了自己的情绪，冷静下来，而不是继续愤怒（*"我们再也受不了你的臭脾气"*）时，要告诉他们：*"你控制住了自己情绪，真棒！下次你可以做得更好。"* 我们正是以这种平和的态度，伸手将孩子从"洞"里拉上来，给予他们正面强化。没有人想跌入情绪的陷阱，但是我们作为父母，在孩子陷入情绪陷阱、难以自拔时，应该尽力拉孩子一把。首先你要冷静下来，然后帮忙。

每个孩子都需要一个"新开始"

这是解决儿童高度情绪化的重要方式。在孩子冷静下来后，我们必须要求他们为自己的反应道歉（并在需要时做出弥补），然后拥抱他们，接受他们的道歉，原谅他们。换句话说，我们允许他们重新开始。这实际上意味着什么？我们如何做到这一点？

从道歉和弥补开始：如果孩子突然发脾气，把整碗米饭撒到地板上，这时你需要帮他们冷静下来，要求他们道歉并清理地板。再举一个例子，家庭聚餐时，你和十几岁的女儿发生了争吵，她生气地离开了餐桌，对你嘟囔着不敬的言语，你要让她回到餐桌上，为自己的行为道歉：*"抱歉，我不该大声吼，我说错话了。"*

然后你需要做的是接受道歉并原谅他们。真正地原谅他们，允许他们重新来过。（*"我接受你的道歉，不生气了。我们可以忘记刚刚发生的事情，重新开始。"*）

做到这样并不容易，也不太符合本能，因为有时真的很难原谅。我们生气、难过、受伤，然后继续拿昨天的事、前天的事还有大前天的事跟孩子喋喋不休。这样做的后果是我们和孩子都一直陷在这个不舒服的状态里，无法走出来。有的父母质疑"让孩子重新来过"这个说法，问道：*"孩子能从中学到什么？学到他们可以随心所欲？学到我们没有底线，会原谅他们的任何行为？"* 但是，我们忘记了那个前提——所有孩子都希望做个好孩子，他们从发脾气中得不到任何好处。

为什么让孩子"重新开始"如此重要？

因为如果孩子总觉得父母对他们生气（即使在他们道歉并冷静下来之后依然生气），就会失去恢复良好行为模式的动力。孩子这时可能会对自己说："*不管我怎样表现，他们都会对我生气。我做的一切都没有意义、无济于事，所以我没必要做个好孩子。*"（即使道歉也不值得——*我能从中得到什么呢？*）这种思考过程显然与你的期待相违背。但是，知道自己可以道歉并重新开始的高情绪化儿童会真正地重新开始，越来越多地运用"道歉—重新开始"这一行为模式，逐渐培养自己的情绪管理能力。

那么下一步是什么？

如果"暴风雨"是一个"单一事件"，那么你可以把整个事情抛在脑后，不去管它。但有些时候"暴风雨"过于狂暴，或者经常发生，这时你要做的是彻底弄清楚这些"暴风雨"发生的原因，不过最好在"暴风雨"过后的几小时后或第二天进行。

不要"趁热打铁"！

从常识上说，趁热打铁当然是正确的。但是如果你不是铁匠，而是父母，那么最好不要"趁热打铁"。孩子在发脾气或处于情绪风暴中时，是无法静下来听我们说话，无法思考，也无法对未来做出任何结论的。如我之前所述，孩子遇到"暴风雨"时，你的作用是帮助他们走出风暴，冷静下来。第二天孩子消气了，你可以找个合适的机会问问他们："*你昨天真的很沮丧，能告诉我发生了什么吗？你被欺负了吗？如果你被欺负了，发脾气是解决问题的最佳办法吗？有其他解决方式吗？在类似的情况下可以采取什么不同的做法？*"只有当你自己冷静下来，不再生气或不安，你的孩子也恢复了平静时，这样的对话才能有效。

我要再次强调这一点——没有孩子会喜欢发脾气。没有一个孩子喜欢让别人对他们生气或失望。所有孩子都希望他们的父母欣赏和表扬他们。突发情况的发生有多种原因，我们当然无法全部了解。可能由于某个痛苦的真实事件（"*我的男朋友离开了我*"），或者误会了某种情况（"*原来他拥抱的那个女孩是他的表妹，我以为他要离开我了*"）；有时情绪爆发与孩子的性格特质有关（"*妈妈说我一直过于情绪化*"），或者是由注意力缺陷多动障碍、荷尔蒙分泌旺盛、疲倦、饥饿、压力和其他原因引起。

我们不应该忽视"情绪风暴"，因为从中可以学到很多东西。

我们可以学习和教导孩子如何不陷入"情绪风暴"中。比如，我们应该多了解一些事实，再下结论；想要发脾气时我们可以出门遛狗；确保孩子不饿肚子。

我们可以学习如何调节情绪。与其像风暴一般突然爆发，不如给自己的愤怒规定等级，然后教孩子（以及我们自己）如何以"7"而不是"10"的等级控制自己的怒火。我们还可以通过将情绪比作电子开关来向我们的孩子解释这一点：不要使用开或关（"全或无"的思维模式），而换成调光器，让我们有更广泛的情绪适应不同的生活情况。（"*这件事很烦人，但烦人等级是5级，而不是10级*。"）

最后，我们还可以学习并教育孩子以后如何**更快地逃离"情绪风暴"**。如果在孩子发生"情绪失控"的第二天，也就是不在气头上时来学习如何调节情绪，将会更为高效。

如果父母也处于"情绪风暴"中呢？

调节情绪的过程往往具有"传染性"。当孩子心烦意乱、情绪失控时，我们往往会被他们的情绪"传染"，也陷入"情绪风暴"中。然而，对于一个暴躁的孩子来说，没有什么比看到内心强大、稳定的父母也失去控制，甚至变得像他们一样暴躁更紧张焦虑了。当孩子处于"情感风暴"中时，他们需要我们能够稳定、冷静，并能控制局势。当然，这并不总是容易实现的。很多时候我们和他们一起被卷入"风暴"中。我们爱自己的孩子，非常想帮助他们，不忍心看着他们失去对自己的控制，但这会导致我们也被拖入自己的"风暴"中。可以做些什么来防止这种情况发生呢？

从旁观者角度看自己：为什么这会发生在我身上？

大多数情况下，清醒认识自己的处境是避免或快速解决问题的关键。当我们明白究竟是什么让自己如此沮丧时，就更容易找出消除"风暴"的方法。所以，在平静的时候（而不是在暴风雨中）试着问问自己：为什么这件事会发生在我身上？什么时候发生的？（*是在我们特别累或饿的时候吗？是在我们结束一整天的工作后吗？是在和伴侣吵架后吗？是当一天结束，我们所有的耐心和精力都耗尽时吗？*）如果是非独生子女家庭，可以试着注意你的一个孩子是否比其他孩子更难管控，以及可能的原因。（*也许这个孩子让你想起了自己？也许你特别担心你的女儿？如果是这样，你可以做些什么来帮助她？*）以旁观者角度看待问题可以让我们更好、更广泛地了解全局，帮助我们以一种更平静、更好奇的心态解决问题。（另见第 11 节关于心智化的概念）

我们因为关心而生气，我们因为爱而在乎

如果孩子经常激怒我们，那么就要问问自己发生这种情况的原因。当我们认真寻找这种愤怒的原因时，就会发现在愤怒之外，隐藏着另一种情绪：如果

将愤怒这层情绪如同洋葱外皮般剥掉，我们会发现一层完全不同的情绪——担心。如果继续一层层剥掉，会看到另一层情绪——爱。这个发现很重要，它会让我们平静下来。我们的愤怒并非没有根据，我们生气是因为我们在乎，我们在乎是因为我们爱他们。尽管如此，我们还是会"太"生气了，所以，最好还是意识到这一点，并学会控制。

我当时被老板惹怒了，但却对自己的孩子发火

有时，我们对孩子生气，实际上是因为其他原因。可能是我们自己内心的"情绪风暴"，可能是工作或人际关系上的压力，或者仅仅是生活本身。我们对这些状况并不陌生。这种情况被称为"溢出效应"，即我们在某个情境下的情绪会扩散到其他方面。请观察并注意"溢出效应"发生的时刻，关注这些"溢出"时刻是消除它们的关键。

我失控了——我马上回来

有时，了解导致孩子产生"情绪风暴"的原因，会帮助我们避免下一次爆发。然而，这并不总是成功。与孩子争论有时会让我们情绪失控。（她再也不去洗澡了；他在他的社交媒体账户上发布了难听的话；她又一次从派对回家迟到了——"我已经告诉过你一千次了！"）在生气和心烦意乱时，一个简单的"暂停"通常会有所帮助：深呼吸几次，走到阳台休息，给自己泡杯咖啡。当你手里捧着热咖啡，就不会那么容易失控了。我们还能做些什么来摆脱这种旋风般的情绪状态（特别是当我们已经处于这种状态时）呢？

想象自己是正在舞台上表演的戏剧演员

当你和孩子发生冲突，而他们又失去控制时，试着把自己想象成舞台上的演员——扮演父母角色的演员。当我们在这样的"情绪风暴"中创造出"空间"时，当我们从局外人的角度看待问题时，我们就会以更加谨慎和缓和的方式做出反应，而不是继续冲动或盲目。把自己想象成戏剧演员有助于我们创造这个"空间"——"*好吧，正在发生的事情让人很不舒服，我现在是妈妈——'她'会怎么做？*"

从伴侣那里获得帮助

如果你拥有伴侣，就可以从伴侣那里获得帮助，摆脱这种情况，直到恢复平静，但以正确方式做到这一点很重要。假设你和孩子因做作业而发生争执，争吵愈演愈烈，你们俩都非常沮丧。在这种情况下，让你的伴侣参与争论是没有意义的，无论将自己置于哪一方的立场，（"你母亲说得对！做你的家庭作业——快点！"或者"别管这孩子了，你还想让他怎样呢？"）都只会导致争执再次升级。这时，伴侣需要保持冷静和谨慎的态度，让正在气头上的两方退出争执，以此创造一个"休息"或暂停时间（就像重启电脑一样）。只有双方保持冷静时，才更容易找到解决冲突的思路。

弥补——向孩子道歉！

如果我们确实"失控"了，那么在意识到这一问题之后，向孩子道歉也很重要。（"*对不起，我太生气了，可能反应过度了。*"）这就是一种弥补的姿态，意义重大。这种弥补的姿态不会让我们在孩子眼中的形象被削弱，而是恰恰相反——我们勇于向他们承认错误，这种能力会成为孩子的榜样，孩子在"情绪失控"后也会以这种方式进行处理。父母教导子女对自己的错误进行弥补、道歉和重新开始是完全可以的，甚至是好事，孩子会在自己的一生中坚持这样的观念，这是我们赋予孩子的美好能力。

有趣的现象：大脑中的思考路线 —— 积极路线与消极路线

美国精神病学家丹尼尔·西格尔创建了一种被称为 IPNB（人际神经生物学）的方法。西格尔研究了不同人类行为之间的联系（主要是与育儿相关的人际关系过程），以及这些联系的神经学基础。他指出，当我们处于冲突状态时，有两条主要的神经处理路线会被激活，一条是"积极路线"，另一条是"消极路线"。积极路线是大脑不同部分可以同时被激活的路线。大脑中与情绪、思维和数据处理相关的区域连接良好，类似于管弦乐队演奏时，所有乐器都完美和谐，构成美妙乐曲。当我们采取积极路线应对生活中的各种突发情况时，大脑会自动调节我们的情绪反应，并从全局角度进行分析，从而有效控制自己的情绪和行为。但有时候，我们可能会失控，然后走向消极路线。这条路线的特点是我们通过"直觉"做出反应，无法控制、管理、监督或让大脑不同区域之间进行协调。于是我们爆发怒火、大喊大叫。毫无疑问，在我们与孩子的关系以及日常生活中，我们应该渴望通过积极路线而不是消极路线来应对事件。所有父母曾经都走过消极路线。在我们担心、疲倦、饥饿或只是缺乏能量时，这种情况就很容易发生。然而，有一些父母觉得自己过于频繁地采取消极路线，或者无法冷静下来，更不要说向孩子道歉了。对于这些父母，我们建议寻找自己暴躁行为背后的原因，尝试做出改变。有必要强调一下，咨询专业人士是一种可靠的方法。同样，改变的关键也在于先了解情况。

我们必须一直快乐吗？

在结束本部分之前，我需要指出，情绪调节并不意味着我们和孩子必须要一直保持快乐的状态。外面的天气并不能保证全年 365 天都有温暖的阳光、蓝天和云彩。此外，孩子以及父母体验各种情绪的能力，包括悲伤、愤怒、失望等，是内心强大和心理健康的有力证据。说到情绪调节，我主要是指那些相同的情绪表达问题，即所谓的"消极"情绪。生气或失望是被允许的，也是正常的，但最好不要因此对你的老师大喊大叫；我们可以悲伤，但最好不要整天把自己关在卧室里，不和任何人说话。

父母似乎特别能够识别自己孩子的情绪，无须回避——**"我可以看出来你对取消学校旅行感到很沮丧"**，这让我们的孩子能够正确地处理他们的"消极"情绪，而不是"崩溃"。当我们不轻易害怕孩子的情绪时，才会最终帮助他们理解情绪。就像外面的天气一样，我们的情绪也只是暂时的和过渡性的。

结语

调节孩子的情绪是父母最重要和最复杂的任务之一，面对特别容易暴躁或正在经历艰难时期的儿童，更是格外困难。在很多情况下，暴躁的孩子会让父母也"感染"到他们的"情绪风暴"，一起陷入暴躁和失控状态。有一些方法可以让孩子冷静和放松下来，比如允许他们"重新开始"，或者在孩子发完脾气后再回头讨论这一情绪问题。与此同时，我们必须要对自己失控的次数有概念，需要有效处理这些情况：设置"暂停"、从伴侣那里获得帮助、重新分析情况，以及在需要时向孩子道歉。

最后，请记住，我们的孩子应该且确实需要经历各种各样的情绪。我们的任务在于帮助他们理解"负面"情绪是会过去的，帮助他们避免将这种"困难"情绪转变为暴风雨般的、不受管制的行为。

08

延迟满足：学会等待与感恩

你是否曾经和孩子一起逛商场，但如果不为孩子购买一套新的动漫卡牌、一个海绵宝宝气球或一个家里已经有了很多个的塑料娃娃，就被孩子拖着无法回家？或者可能孩子向你说过他必须拥有一双你从未听说过的名牌鞋，不然他就没脸去学校上学。（"只要给我你的卡号，我就能在网上订购，现在在降价！"）

我们对孩子的"买这个"和"我必须拥有它"这两句话时常感到厌烦。如今，大多数东西都如此便宜，充满诱惑，购买又如此方便，孩子们永远都会想要这个或那个，而我们作为父母会永远想要满足孩子的愿望。如果你也处于"孩子想要——父母就买"的循环中，那么你可能应该重新思考自己的行为。孩子周围充满了各种诱惑，培养他们延迟满足和欣赏已拥有东西的能力变得非常困难。

也许你在告诉自己："有什么关系呢？当我还是个孩子的时候，我非常想要新的乐高、自行车、电脑游戏……我的父母买不起这些，但现在我有机会放纵自己的孩子，让他们快乐，给予他们那些我曾经想要但无法拥有的所有东西。"很明显，延迟满足的能力本身就具有很大价值。你无须考虑自己的财务状况，或孩子当时想要的任何东西的价格。

现在给你一个棉花糖，还是之后给你两个？

为了让大家理解延迟满足为何如此重要，我将从棉花糖测试开始。棉花糖测试是20世纪60年代进行的一项经典研究，其发现对于今天仍然非常重要。在这项研究中，杰出的美国心理学家沃尔特·米歇尔（Walter Mischel）对一群4岁的孩子提出了一个简单的二选一问题。他们一个接一个地被带进房间，房间里有一张桌子，上面放着一个棉花糖。研究员对孩子们说："我要离开房间几分钟。我一走，你们就可以在这里吃棉花糖了。但是如果你等着不吃的话，过几分钟之后我回来，就会给忍着不吃的人两个棉花糖。"研究员离开了房间，孩子们的反应被摄像机录了下来：在研究员离开房间的那一刻，三分之二的孩子吃掉了面前的棉花糖。孩子们对测试的反应很有意思。然而，这项研究真正有趣的部分是14年后，也就是当年参与测试的那些孩子18岁时的回访。显然，与不能抗拒诱惑的孩子相比，在4岁时不吃棉花糖的孩子现在都是优秀学生，拥有更好的社交技巧，甚至在压力和沮丧下表现出更好的处理能力。

很明显，延迟满足是我们可以拥有的最重要的技能之一。我们现在努力工作，才能在未来得到回报。当父母不知道延迟满足的价值时，他们可能会想给孩子买任何他们想要的东西，同意他们的任何要求，或者让他们在平板电脑上再玩一个游戏。从表面上看，我们似乎是在让孩子开心，但从更深层次来说，我们可能是在伤害他们。

了解延迟满足和自我控制十分重要，我们需要为之付出努力，就像肌肉训练一样。只有坚持训练，不然肌肉不会发育。有时我们可能会想："*再让孩子玩*

一把游戏吧，就一把，有什么关系呢？"现在已经习惯了一切都进展迅速的孩子，可能会相信整个世界都是以同样的方式运作的。这些孩子终有一天会发现，自己很难为一项重要的考试而努力学习；可能会因为不得不练习演奏乐器、跳舞或体操而感到沮丧（"唉，我学不会！"）；而且他们可能会觉得，应对朋友之间的矛盾或者其他形式的失败都异常困难。因此，毫无疑问，延迟满足的能力是我们可以赋予孩子的最重要的技能之一。对他们来说，在现实世界中运作良好，对他们未来在不同生活中取得成功，以及体会自己所做之事的终极快乐至关重要。

延迟满足 —— 我们应该掌握的一些原则

他们什么都想要吗？让他们挑选一样东西。（或给他们设定预算）

你和女儿去超市，她想买看到的所有糖果……你十几岁的儿子点进他最喜欢的网店，不一会儿，购物车里的数量就已经有两位数了……教孩子延迟满足的有效方法之一是给他们一个选择：他们"全部"都想要，而我们只会同意"一个"。（或允许他们设定预算。）相当于你对孩子说"一天只许吃一颗糖果""平板电脑使用时间不能超过半小时"。让孩子对自己的需求进行思考、权衡和选择，训练他们延迟满足的能力，在控制决策过程时给他们一个积极的体验。

"对，我们会给你买这个新电脑游戏，为了庆祝圣诞节。"

你在决定给孩子购买某些游戏、乐器、宠物、自行车或其他大件礼物时，肯定相信他们会从中受益。这样做很好——给他们买那些他们想要的东西，但尽量在他们的生日或重要节日前后购买，或者让孩子耐心等一段时间再买。在孩子提出需求和你最终实现孩子愿望之间空出一段时间是很有意义的。

"不用你买,奶奶会给我买。"

你可能正在努力教孩子学习延迟满足,但这时爷爷奶奶或者宠溺孩子的长辈出现了,他们会代替你给孩子买任何他们想要的东西。好吧,恐怕我们别无选择,只能要求他们不要这样做。这也并不容易,有些奶奶认为如果要过来看望孙子孙女,就必须带礼物。爷爷奶奶、外公外婆、叔叔阿姨和家人朋友都与父母处于不同水平。有时他们被允许"宠坏"你的孩子,而不会被认为是一件坏事。不过,依然要掌握好分寸,不要过度。你需要向他们解释:他们满怀好意送来的大礼可能最终会伤害孩子,而不是对他们的成长做出贡献。你要强调:孩子们看到他们就很高兴了,不需要那么多礼物。

不要用礼物和糖果来弥补为人父母的愧疚

如果你经常给孩子买太多礼物,那么问问自己这种倾向的来源。有时这是我们克服为人父母的内疚感的一种方式。如果是这样的话,不要轻易允许自己这样。反思自己的内疚感可能出于什么原因:你下班回来太晚了吗?当你在家时,是不是没有耐心倾听孩子、陪伴孩子?无论你找出了什么原因,都需要以有效和相关的方式减轻你身为父母的内疚感,而不是给他们买礼物作为补偿。

不要让孩子陷入困难处境

诚然,延迟满足意味着经得起诱惑,但我们不要过度,不要让孩子面临太多复杂的挑战。如果你的孩子对玩具欲罢不能,那么你没有必要在每次需要为别人准备礼物时都带他们去那里;如果你的孩子喜欢甜食,就不要在不允许孩子吃的同时,将各种品牌的糖果塞满食品储藏柜。

请注意自己的行为模式

就像每个关于养育孩子的话题一样,我们别无选择,只能审视自己。那么,扪心自问，自己的延迟满足能力如何？可以不给自己买"小礼物"就出去聚会吗？我们是否在网上购物时花费数小时计算包裹到达的日期？请记住，当我们自己都做不到延迟满足的时候，很难教会孩子延迟满足。

"谢谢你为我买这个"—— 感恩的重要性

好吧，让我们现实一点，不要对孩子要求过高。教孩子延迟满足固然重要，但这并不意味着我们必须停止购物和消费。有些东西孩子确实需要，还有些东西是我们就想买给他们的。在给孩子买礼物时，即使是他们需要的东西，你也要教他们珍惜收到的礼物并真诚地感谢。对于儿童和青少年来说，不要将他们收到的礼物视为理所当然，这一点很重要。很明显，感恩是我们心理健康的宝贵特征之一。

研究表明，经常抱有感激之心的人往往更快乐、更有活力，还具有更强的同理心。无论是对施予方或接收方，感恩都会让人产生一种积极的感觉，并实现自我强化的循环。

另外，当我们对收到的礼物表示感恩时，也是在让自己不至于过快"适应"礼物给我们带来的物质快乐，而逐渐看轻礼物之于我们的情感意义。这种习惯于过快或过于容易地拥有某件东西（即使是我们非常想要的东西）所造成的影响与我们的研究结果一致，即积极的经历要比单纯的物质更有助于提高我们的幸福感。

再次回到感恩的问题上，需要注意，感恩与乐观不同。例如，乐观很大程度由遗传决定，而感恩则被认为是一种后天习得的技能——我们可以教孩子学会感恩。

如何做到这一点？

可以训练孩子对他们收到的一切说声"谢谢"。（*"谢谢你给我买了足球""谢谢你给我买了运动鞋。"*）我们还要教他们感谢所有的积极经历，不能将其视为理所当然。("妈妈，谢谢你带我去公园""爸爸，和你一起看电影真有趣！")我们还应该让孩子更多地关注他们平日里的积极经历。当我们将注意力转向生活中积极的事情，当我们感谢这些经历时，它们占据的"空间"就会增加，我们的幸福感就会增强。做起来并不复杂，正如我之前提到的，全家人在餐桌旁边吃边聊，每个人都来分享一天中觉得开心的事情，这是训练孩子以及我们自己平日里多去观察和注意生活中好的一面的有效方法。此外，给家人写生日贺卡和小小的"感谢信"，比如*"妈妈，谢谢你今天做的三明治，太好吃了！"* 也可以大大提高我们和孩子的感恩能力。积极心理学研究指出，儿童和成人为生活中美好事物而感恩是一种受益终生的能力，不管是为小而简单的事情，还是为大而有意义的事情（参见本节中的带框内容和第 4 节内容）。

有趣的现象：对自己的身心健康抱有感恩之心

心理学家罗伯特·埃蒙斯（Robert Emons）和迈克尔·麦卡洛（Michael McCullough）进行了一系列研究，以此检验练习感恩的效果。每天晚上，研究组的参与者都被要求写下一份感恩清单，即列出他们在生活中感恩的五件事。可以是小而简单的事情，比如"早上的第一杯咖啡"或"听了一整天美妙的音乐"；也可以是大而重要的事情，比如"谢谢你辛苦养家"。每天的清单写作不超过五分钟。而对照组的参与者则被要求完成一项与感恩无关的中性任务。几周后，心理学家将研究组与对照组的结果进行了比较。各组之间差异很大。与对照组相比，完成感恩清单的研究组参与者更快乐、更友善、更慷慨、精力更加充沛，甚至身体也更健康。在研究结束后很长一段时间内，两组之间的差异仍然存在。在笔记本上仅仅几分钟的清单写作怎么可能产生如此显著的差异？

> 埃蒙斯和麦卡洛解释道，感恩会给我们的生活带来积极的感觉，这些感觉就像是自我强化的循环。积极温暖的情绪让我们与所爱之人更加亲密，反过来他们也会将积极的情绪投射到我们身上，这是一种共赢的局面。想一想，在我们与孩子的日常生活里，将感恩纳入其中是不是很容易？非常容易，也很有收获。

结语

我们当前的社会文化似乎鼓吹永无止境的消费行为，在面对各种各样的诱惑时，重要的是要教会我们自己和孩子延迟满足的能力。立即得到想要的一切的孩子，绝对不会比学会耐心等待，直到得到想要之物的孩子更快乐。正是努力、毅力和延迟满足的能力，让我们和孩子做到了更好应对生活挑战的准备。由于我们能够欣赏所拥有的东西，以及个人成就，因此也有助于我们的情绪健康。

当孩子得到一些东西时，无论大小，要教会他们对收到的东西心存感激。对事物、经历和生活中小确幸的感恩是保持我们身心健康的基础。我们可以培养孩子的感恩能力，在培养的过程中不断鼓励。

09

相似之处：孩子为何"需要"像父母

在孩子来到这个世界上的那一刻，甚至在怀孕期间就会有人开始说我们和孩子之间的相似之处：*"你看，他和他爸爸小时候长得一模一样""她的笑容和她妈妈一样""她的酒窝和她祖母的一样""她的旺盛精力遗传自爸爸"*。

似乎在我们和孩子之间无休止地寻找相似之处与一种基本的进化需求有关，即需要确定他们确实是我们的——孩子延续了我们的基因。

然而，强调我们和孩子之间的这些相似性也体现了一个关键的心理因素：这种相似性是孩子认同感形成过程中的重要组成部分，明白了吗？我向大家解释一下。

"对你来说最重要的是做你自己"（但首先 —— 像我一样）

作为父母，我们的主要职责之一在于帮助孩子建立独特的身份认同感。我们希望帮助他们找到自己的个性特征，培养他们的特殊技能和内心的渴望，了解他们丰富的内心世界，让他们成长为"真正的自己"（而不是我们期待的样子）。然而，育儿从来都不是一维的或简单的。形成孩子独特个性的途径之一是强调我们和他们之间的相似之处。

请在脑海中想一位你的密友，你觉得你们有多像？很有可能虽然你们是完全不同的人，但有很多非常相似的方面。如果有人和我们很亲近，在个性、爱好等很多方面和我们相像，或者处在相似的生活处境中，这种感觉很美好。

似乎孩子也觉得"需要"像我们一样，他们需要以此作为自我意识的基础。与父母的相似之处给孩子们带来安全感，帮助他们熟悉和巩固自己不断发展的个性。

第一次撰写相关文章的人是精神分析学家海因茨·科胡特（Heinz Kohut）。科胡特将这种需求称之为"孪生移情"。孩子和父母之间的相似之处可以体现在外貌方面（*"我们的眼睛旁边都有一颗痣"*），但更重要的是，"孪生移情"存在于人格特征中更深层、更有意义的方面，如思维模式、爱好、兴趣等。

当孩子们认识到自己与父母性格特征相似时，会感到一种联系和归属感，这种感受极大地促进了孩子的心理健康。归属感让孩子感到安全，甚至有助于他们与同龄人和周围的人建立社会联系。根据科胡特的说法，我们对孩子的赞许有助于他们建立积极的自我形象和积极的内心想法（参见第2节），同理，发现我们与他们之间的相似之处也有助于他们更好地融入社会。孩子正是通过凸显他们和我们之间的相似之处，来发展自己的个性。

如何培养相似性和"孪生移情"

为了培养孩子的"孪生移情"，请与你的孩子一起寻找你们两个之间的相似之处（*"我们都有一模一样的微笑"*）、你们都喜欢的东西、你们喜欢一起做的事情（玩耍、游泳、徒步旅行、听爵士乐、在公园里散步……）。不必是很复杂的事情，就算是看真人秀或足球比赛也很重要。同时，随着孩子长大，你们可以一起寻找相似的性格特征，为其赋予独特意义。即使你的孩子正值青少年时期——所谓"他们最不想要的就是拥有与你相似的任何东西"的时期，你也不要相信这句话。每个孩子内心深处都想与父母建立联系，获得一种安全的从属感。

另外我想指出，如果是被收养的孩子，让他们感受到自己与父母之间的相似之处尤其重要。在这种情况下，相似之处主要在于寻找共同的兴趣爱好、性格特征，而不是外形特征。

关于这一点，我需要强调两个方面：

第一，当我提到寻找我们和孩子之间的联系时，并不意味着我们应该成为他们的朋友。世界上有足够多的人在排队担任我们孩子的"朋友"这个角色，但并不包括我们，孩子们只会从父母的角色中成长。你和孩子都喜欢猫、摇滚乐或周末小睡，这些并不代表着你们会立即成为彼此的朋友。友好的关系建立在平等和相互的基础上，而亲子关系最好是建立在权威的基础上，保持孩子和父母之间自然发生的不对称感。

第二，请记住，寻找相似之处与你们都是不同且独特的个体并不矛盾，也不会和每个孩子发展自我意识的愿望相矛盾。正是通过这种联系和归属感，他们的个人抱负才会增长，他们独特的"真实自我"才会蓬勃发展。

父子和母女

针对寻找孩子与父母之间的相似性问题，孩子与同性父母（母女和父子）之间的相似性具有特殊意义。孩子们非常需要与他们的父母亲近和相似；然而，不管是在孩子的青少年时期之前还是期间，与同性父母的亲密关系可能对形成他们的自我认同具有特殊意义。因此，如果你是与伴侣共同抚养孩子，需要特别注意思考如何与和你同性别的孩子建立关系。

请记住，你的孩子很尊敬你：他们想知道你欣赏、关爱他们，他们也想与你亲近和相似。换句话说：父亲在儿子的自我形象塑造方面起着特殊作用，母亲在女儿的自我形象塑造方面产生巨大影响。所以你应该多和同性孩子单独相处，寻找相似点和联系点。如果你觉得你们的关系有些不对劲，或者出了点问题（也许这段关系太不稳定、太敏感、充满了批评），不要接受现状、坐视不管。要尽你所能改善这段关系；改善它的责任在于为人父母的你。

如果你是一位单亲家长，家庭中没有"同性"的父母（例如，单身母亲抚养一个男孩），那要怎么办？研究发现，目前没有证据表明这种情况会损害儿童的自我认同或性别认同，看到这里你应该会很欣慰。尽管如此，加强儿子或女儿与周围亲密的人之间的联系（如很会关爱人的叔叔阿姨、异性好友、祖父母等），也可以促进孩子感知成长过程中所需要的同性父母形象。如果我们不去干预，这样的联系也会自然发生。

当孩子感觉与父母完全没有相似之处时

有一部精彩的电影叫作《跳出我天地》(*Billy Eliot*)，讲述了一个11岁男孩比利的故事，他的母亲去世了，父亲带着他走向了拳击之路。但是让父亲惊讶的是，比利发现他真正热爱的是芭蕾舞。这部电影讲述了父子之间复杂的、不断发展的关系，他们之间存在本质不同。

有时的确很难找到孩子和父母之间的相似之处。有时，孩子生来就具有与父母截然不同的特征，这样的孩子在自己的世界中感到相当疏离和陌生（**"地球上没有人能理解我"**），会有一种排外感，找不到自己的归属。当运动员父亲有一个"不喜欢运动"的孩子时，当孩子有严重的学习障碍而父母"不知道为何"时，就会发生类似的情况。（另见下一节，关于"想象中的孩子"和"实际的孩子"之间的差距，以及第28节关于养育有特殊需要的孩子的内容）

孩子和父母之间的相似感和"连接点"十分重要，我们不能忽视。此外，作为父母，我们有责任寻找我们和孩子之间的相似点，对此保持高度重视，并进行归类。所以，如果你觉得孩子和自己有本质的不同，那就一定要找到你们之间的共同点（*"我们都喜欢在镜子前做鬼脸""我们都喜欢小玩意""无论身在何处，我们都能在几秒钟内入睡"*）。强调这些相似点，同时不要试图改变或否定孩子的个性。与电影中比利·艾略特的父亲经历的过程类似，这种复杂情况需要你寻找内在的力量，去接受孩子本来的样子。不要让孩子感受到我们对他们总是失望和不满，不要让孩子感受到我们想要改变他们，这样会极大伤害孩子的自尊。

结语

孩子发展自我认同的一种方式是强调他们与父母之间的联系点和相似之处，这种经历是自我发展的基础，在此基础上，他们将不断成长，找到自己的道路，坚持自己的喜好，形成自己独特的个性。

父子、母女之间形成的纽带具有特殊意义。不过，你和孩子之间建立相似的爱好、性格和特征，并不意味着你必须成为他们的朋友，我完全不是这个意思，孩子需要权威可靠的父母，他们不需要朋友型的父母。

在某些情况下，孩子会发展出与父母相去甚远的性格特征和爱好，因此父母很难找到他们与孩子之间的相似之处。这时无论如何，作为父母，我们仍有责任寻找这些相似之处（如性格、爱好和兴趣）。另外，我们要尽一切可能接受我们的孩子，而不是试图让他们适应我们自己的个人需求和偏好。

10

真实的自我：接受孩子的不完美

这孩子一定是个足球运动员！

我儿子不会跳舞！

我女儿要成为数学奇才了！

"我们想要一个什么样的孩子？"你有没有问过自己，你对孩子的期望对孩子到底是有益的，还是造成了伤害？父母的期望要付出代价吗？我们都希望自己的孩子举止得体，"做个好孩子"，但这个"好"可以"太好"吗？

虚假的自我：妈妈只在我开心的时候爱我

唐纳德·温尼科特是首位区分真实自我和虚假自我的人。他的观点是本书中一个经常出现的主题，即孩子的个性不是在"真空"中形成的，而是通过他们与周围的成年人（尤其是父母）之间的互动而形成。

假设每个孩子都有一个内在核心，具有自己的独特品质、才能，内心拥有渴望。然而，内核是否能够发展、成长和爆发在很大程度上取决于父母提供的环境。温尼科特相信，如果父母给予孩子足够的成长空间——一个可以自由选择玩耍、实验、创造和发现新事物的空间，孩子就会充分发展真实的自我。这种"真实的自我"就是对自我的全面认知，包括生命力、创造力、内心宁静和幸福感，可以将其类比为在良好环境条件下生长的幼苗，良好的土壤、水、阳光等条件都将会使这株幼苗成长为美丽的植物。

然而，有些父母需要孩子完全如他们所愿，成为他们期待中的样子。例如，父母无法忍受孩子的某些品质；他们不顾孩子的意愿，拒绝给予他们空间去尝试和实现他们的愿望（"**我儿子不会喜欢跳舞**""**我女儿不会害羞**""**这个孩子必须成为一名运动员**"）。另一种情况可能会出现在父母自己情绪低落的时候，他们把孩子当作快乐的源泉，希望孩子把他们从复杂的心理状态中拉出来。（"**孩子是我的全部。要不是他们，我都起不来床了……**"）

在这种情况下，孩子们可能会产生虚假的自我意识，或者是温尼科特所说的虚假的自我。我们要记住，无论孩子多大，都需要父母的爱。当父母不能接受孩子的某个品质或某个方面，对孩子抱有严苛的期望时，孩子最终可能会压抑自己的真实愿望，希望能满足父母的期望。（"**妈妈只在我开心的时候爱我，所以我永远都不会哭**""**爸爸希望我成为足球运动员，所以我会在球场上假装喜欢踢球，即使我真的很讨厌足球比赛**"。）这样做的代价是高昂的，但孩子们仍愿意付出，因为他们害怕因此失去父母的爱。

我们都不希望这样的情况出现，这给孩子幼小的肩膀带来了巨大的负担，会破坏他们感受各种情绪的能力，最终成为他们所谓的"真实自我"。在这种情况下，孩子的"真实自我"会怎样？温尼科特相信真正的自我永远不会完全消失。这个自我在缩小，被推入心灵的黑暗角落，等待机会爆发。

天才儿童的悲剧

很多人都听说过《天才儿童的悲剧》(Das Drama des begabten Kindes)。这本书由瑞士心理学家爱丽丝·米勒(Alice Miller)撰写,在全世界掀起了波澜。尽管有些人并不知道"悲剧"是指什么,以及天才儿童究竟是谁。

米勒笔下的这些天才儿童并不是通常意义上的天才。他们不一定是班上最聪明的孩子,而且很可能在数学方面并不出众。这些孩子是情感上的天才:聪明机敏,能够诚实地倾听,对情感有特别高的理解力;他们设法理解成年人的需求,并完美地遵循他们。

那么,他们为了谁而如此"完美"?绝对不是为了自己。

这些情绪敏感的孩子可以识别父母的需求,在很小的时候就会主动迎合父母。父母并没有去适应孩子,帮助他们形成健康的自我意识,而是孩子来适应父母。他们没有遵从自己内心的愿望,而是以一种能给父母带来快乐的方式行事——一切都是为了满足父母的需要。因此,他们的真实自我被推开,形成了一种"虚假的自我",这就是造成孩子太好的原因。

那么,我们怎样才能帮助孩子发展他们"真实的自我"呢?

我之前已经强调了父母之爱的重要性。父母之爱是一种必不可少的奇妙资源。然而,为了让孩子最终成长为真正的自己,你还需要具备其他的品质。除了给孩子的爱之外,你还应该对孩子的真实身份产生好奇心:他们是谁?他们喜欢什么?他们的独特之处有哪些?

你可以做一个简短的练习:拿出笔和纸,分别写下孩子的特别之处和个性品质;有哪些特征不是直接从你们中"继承"的。(**他们的生活有乐趣吗?他们有主见吗?勇敢吗?非常乐观吗?有特别的幽默感吗?有独特的创造力吗?**)想一想:看到一个孩子拥有真实独特的品质是多么美好。最后,看着孩子成长为真正的自己。(阅读下一节有关心智化的内容)

出于同样的好奇心，我们还应该关注孩子的真实愿望，不要将他们的愿望与我们自己的愿望相混淆。如果你毕生都想成为一名舞者，那么实现你的这一愿望并不是你女儿的任务。你可以为她报名参加舞蹈课，但必须是她自己真正想去上课。同样，如果你是一名成功的篮球运动员，那么你的儿子不一定要跟随你的脚步，也许他的兴趣在于学习某种乐器，或者是一项篮球之外的运动。

玩耍和创造力可以促进孩子发展真实的自我。孩子们处于一种放松玩乐的心态时，他们的真实自我才会"闪耀"。尤其在一些想象的、虚拟的情境中，在令人兴奋的体验中，孩子们更能舒展自我。因此，我们应该鼓励孩子，不管年龄多大，都要尽可能多地玩耍，同时我们也要减少对孩子这方面的干扰。（参见第 5 节的相关内容）

想象中的孩子，真实的孩子，以及介于两者之间的一切

有时，心理学术语会成为人们关注的焦点，并为广大公众所知，比如"想象中的孩子"和"真实的孩子"。以色列电影导演艾维·奈舍尔（Avi Nesher）在他的电影《另一个故事》（*The Other Story*）中提到了"想象中的孩子"和"真实的孩子"，由此让成千上万的人了解到这两个心理学术语的含义。

"一个孩子出生时，"主人公的祖父说，"其实是两个孩子来到了这个世界，一个是你想象中的孩子，一个是真实的孩子；而在某个阶段，你必须在两者之间做出选择……"

似乎我们每个人的脑海中都有一个完美孩子的特定形象。在我们成为真正的父母之前，脑中就已经开始幻想未来孩子的样子，这就是"想象中的孩子"。我们幻想着会生男孩或女孩、他们有什么特征和品质、会是什么样子、擅长什么，以及我们会喜欢一起做什么。

但我们的"真实的孩子"并不是为了实现我们的梦想而来到这个世界上的，他们生来就是要成为自己——他们"真正的自己"，拥有随之而来的所有属性：

他们自己的愿望、才华、梦想。而我们必须要意识到"想象中的孩子"和"真实的孩子"之间的差距。我们对他们的哪些期待是合理的？哪些是为了自己的利益？我们在哪些领域和方面存在不足，却希望自己的孩子在这些方面优秀？

想象中的孩子和实际的孩子之间的差距总会以某种形式存在，然而，当孩子有特殊需要或某些影响他们日常生活的残疾时，这种差距就会扩大（另见第28节）。或者如果孩子的内心渴望与社会的普遍认知有所不同时，这种差距可能就会出现，比如LGBTQ（性少数者）群体或者选择与传统家庭不同的生活方式。在电影《另一个故事》中，想象中的孩子与现实中的孩子之间的差距则表现在主角阿纳特（Anat）选择信奉宗教，这与她父母的生活方式相去甚远。阿纳特的父母竭尽全力"让她回归"他们熟悉的生活方式，但在某些时候，他们开始怀疑自己的行为到底是为了自己的利益和幸福，还是为了阿纳特的幸福。毫无疑问，这些都是复杂而敏感的父母困境。

那么，我们应该如何处理我们对孩子的期望呢

我们可以从本节中吸取什么教训呢？作为父母，我们难道不需要引导孩子吗？我们是否应该压抑对他们成长为真实自我的所有期望？

答案很明确，不应该。作为父母，我们理应扮演指引孩子以及设定界限的角色。父母的指导可以帮助孩子形成积极的价值观，以符合社会规范的方式行事。孩子做出我们认为合适的行为时，我们自然要表扬他们，但如果他们行为不端或违反规则时，我们当然应该责备他们。

此外，为了让孩子成为真正的自己，我们需要陪伴他们。稳定、安全的父母陪伴让孩子们能够发现和了解自身的特别之处、建立自我形象。此外，正如我在前一节中提到的，只要孩子发现他们和父母之间存在着相似之处，就可以从中获益，前提是这些相似之处是真实的，而不是伪装的。

为了帮助孩子形成真实的自我，关键是要找到正确的平衡点：不要太多，

也不要太少。对孩子不抱期望是不负责任的，而过多的期望则会压抑孩子的真实自我。要找到正确的平衡点，我们必须了解孩子的实际需求，还有我们自己的需求。如果我们认为这两者相互矛盾，应反问自己：我们的期待是什么？为什么会有这样的期待？是否还有其他选择？

著名雕塑家米开朗琪罗认为，雕像本来就在石头里，他只是把不需要的部分去掉。也就是说，雕塑家的工作是凿掉多余的材料，揭开艺术的面纱，这个比喻很适合育儿之道。我们的孩子不是由我们创造出来的，也不能由我们按照自己的想象去雕刻。因此，为人父母应该让孩子自由自在，成为真正的自己。

诗人、作家纪伯伦（Kahlil Gibran）曾写出这样美丽的诗句：

你的孩子其实不是你的孩子。
他们是生命对于自身渴望而诞生的孩子。
他们通过你来到这世界，却非因你而来，
他们在你身边，却并不属于你。
你可以给予他们的是你的爱，却不是你的想法，
因为他们有自己的思想。
你可以庇护的是他们的身体，却不是他们的灵魂，
因为他们的灵魂属于明天，
属于你在梦境中也无法达到的明天。
你可以拼尽全力，变得像他们一样，
却不要让他们变得和你一样，
因为生命不会后退，也不会在过去停留。

结语

养育子女是件复杂的事情，里面蕴含着平衡的艺术。一方面，没有一定的期望和引导，就无法养育孩子；另一方面，我们必须注意不要过度，不要让我们的个人梦想给孩子的个性发展造成负担。大多数情况下，"想象中的孩子"和"实际的孩子"之间会有差距，这是完全正常的。然而，如果我们对孩子期待过高，他们会形成"虚假的自我"——为了获得父母的爱和关怀，他们压抑自己内心的真实欲望，按照父母的意愿行事。为了避免这种情况，我们要对孩子真正的自我感到好奇，欣慰地看着他们的才华和个性特征逐渐显露。给孩子提供一个尝试、玩耍、想象和创造的空间很重要，这样可以极大地促进孩子发展真实的自我，没有什么比这样的礼物更有意义了。

11

心智化：内见他人，外见自我

爱……自信……积极的自我形象……沟通……同理心……心智化！"*心智化是什么？！*"

一个新概念能够如此迅速地走到专业术语的最前沿，在爱、安全、自我形象、沟通和同理心等心理学概念之后进入大众视野，这是非常不寻常的。这新概念就是心智化。英国心理学家兼研究员彼得·福纳吉（Peter Fonagy）在20世纪末首次提出这一概念。而仅仅几年后，"心智化"的概念就已成为育儿心理学和一般心理健康领域中"最热门"的术语之一。一系列研究证明，"心智化"是人们心理健康的基本与关键。

即使你以前从未接触过这个概念，我相信，在阅读本节之后你就会了解心智化在育儿和生活方面的重要性。

那么，什么是心智化？它为何如此重要？如何培养孩子的心智化？我们很快就会知道答案。

心智化

"心智化"的概念很难定义，其定义是，认识自我和他人心理和情感状态的能力，并认识到人类的行为是"意识状态"，即内在动机，譬如愿望、需求、感受和意见的结果。如果你觉得官方定义听起来复杂难懂，那么我举几个例子你就明白了。

"我儿子又发脾气了——也许他饿了？"

"我女儿最近非常紧张。与她最喜欢的老师告别好像对她影响挺大的。"

"他才十二岁，就开始摔门了。看来他快到青春期了……"

作为父母，我们希望了解什么激励着我们的孩子，他们的内心世界隐藏着什么：他们的想法、感受，驱使他们并让他们按照自己的方式行事的东西。我们的基本理解是，每个人都有自己独特的内心世界，其中包括多种需求；我们对孩子内心世界的好奇心以及我们想要了解它的愿望——这就是心智化。

同时，我们要思考自己的动机：

"我为什么要吼她？我想我可能做得有点过分……今天的工作太让人心烦，并不是她的错。"

"最近太忙了，我把怒气和压力都发泄到孩子身上了。"

这也是心智化。

换句话说，心智化是指每个表达的行为都有其内在动机，而我们有时不知道（或者不一定完全知道）这些动机。心智化还可以指我们对他人和自己内心世界的好奇。我们可以将心智化视为一种"内见他人，外见自己"的能力。

理解误会的能力

想象一下，你开车遇到交通堵塞，这时突然有人超车，占据你车前的位置。你很自然地会对那个粗鲁的人感到愤怒。但是，如果你发现在那辆车的副驾驶座上是一位即将分娩的孕妇呢？那么你肯定会让路，尽你所能让那位司机到达目的地。（"*祝你好运，祝贺你！*"）

想一想，如果我们能意识到与周围人产生了误会，可以解决多少争论和冲突——所有误解都只是因为我们不了解对方的动机。

举个例子：假设你的女儿请了一位朋友来过夜，但到了半夜，那个女孩突然大哭起来，要求回自己的家。于是你的女儿感觉受到了侮辱。（"*她不想和我待在一起……她不喜欢和我玩……我不再是她的朋友了！*"）这时，你必须参与进来。你要扩大这件事的原因的可能性范围，帮助女儿想象那位朋友的感受，向她解释那位朋友很可能只是想家了，或者不习惯在别人家睡觉，总之这件事不能证明她们之间的友谊结束了。

这也是心智化，即我们知道不能仅通过外在呈现给我们的现象来判断一个人，而且我们很可能永远不会知道一个人的内心世界。我们只能猜测事情发生的原因，尽量地去尝试和理解。我们必须假设自己并非无所不知，自己以及他人的行为背后可能存在不同的内在动机。

"妈妈想念我 —— 这是我存在的理由"

如今，我们知道培养孩子的心智化首先是为人父母的任务。因为我们将孩子视为拥有自己内心世界的人，拥有完全属于他们自己的想法、感受、愿望和希望；我们将他们视为"值得了解"的个别个体，帮助他们最终以相同的方式看待自己，并极大地促进他们对待他人的能力。听起来是不是很抽象？我来进一步解释。

这个过程从孩子的第一次呼吸开始：

"我的宝贝，看到你开心真是太好了！"

"你为什么哭，我的宝贝？肚子疼吗？"

如果父母将孩子的需求和内心世界当作独立个体去对待和指引，那么孩子确实可以形成心智化的概念。而这个过程从我们开始：作为父母，我们需要认识到孩子是独一无二的个体，拥有个人需求、想法、感受和自己的内心世界。我们对孩子的好奇心对他们的发展具有巨大的价值。

换句话说，我们试图在自己的意识中"捕捉"孩子的内心世界，而且我们允许那个世界存在。如果父母能够很好地适应和体贴孩子，那么这个孩子便能够意识到自己内心世界的发展和变化（"*我累了……我饿了……我嫉妒……我现在很生气*"）。即使作为父母，了解孩子的具体感受也并不总是令人愉快的，但要记住，孩子识别自己内心感受和想法的能力，会为他们的整个生活奠定良好的心理基础。这样的孩子会以更好的方式调节自己的情绪，能识别出自己与他人的想法和感受，将来也能够识别自己孩子的想法和感受。

以下是一些基本原则，可以帮助您提高孩子的心智化能力。

帮助孩子了解自己的感受

你是否注意过年幼的孩子在跌倒并受伤后所做的第一件事是什么？他们大多会立即环顾四周，观察父母是否在附近，以便让父母知道发生了什么。如果孩子看到父母惊慌失措，（"*救命！快叫救护车*"）那么他们就会开始歇斯底里地哭泣，于是摔倒受伤变成了一件大事。然而，如果父母对此表现得十分冷静——"*我看到你受伤了。别担心，我们去清理一下伤口，你很快就会好起来的。*"——这种反应之下，孩子更有可能擦干眼泪，接着玩耍。作为父母，我们是孩子的重要信息来源——孩子通过父母了解他们自己的感受。

当然，这只是如何对待孩子受伤的一个例子。帮助孩子识别他们的情绪非常重要，假设孩子从学校回来时看上去非常沮丧，说："*今天是我最倒霉的一天！*"如果我们不自觉地表现出极度不安和担心，还给老师、校长以及可能与此相关的每个人打电话，那么孩子的脾气只会越来越大。但是，我们可以把"感叹号"换成"问号"："*发生了什么？什么时候发生的？我们一起看看这件事发生时你有什么感受？也许下次我们能用不同的方式应对呢？*"

这也并不容易，很多时候，孩子并不知道他们自己的确切感受。我们有责任帮助他们将一般情绪（**"我感觉很棒/糟糕"**）转化为更加具体的感受。为此，我们必须认真倾听他们的经历，帮助他们将情绪化作语言，准确辨识他们的感受：

"我出去了，没人陪我玩……"

父母："你一定很难过。你觉得孤单吗？你伤心吗？后来怎么了？"

"老师让我去仓库那里拿一块黑板擦，但我找不到回班级的路……"

父母："那个感觉一定很难受。你当时是不是觉得不好意思？有压力？你是怎么做的？还可以怎么做呢？"

"我再也受不了这些考试了！压力太大了！"

父母："这段时间确实压力很大，非常忙碌。你手头上有很多事情，但我知道你能应对得来。过段时间，压力就会过去的。如果你能更好地管理时间，可能有助于减轻压力……我们一起想一想，有什么可以帮助你的？"

研究表明，能够正确识别并说出每种情绪的心理学术语的儿童（和成年人）能够更好地应对压力和沮丧，同时调节自己不愉快的情绪。将情感转化为文字的过程非常重要。另外，我们在说出自己的感受时，会更容易思考下次遇到类似情况时应该怎样做。你的陪伴可以帮助孩子做到这一切，因此，我们最重要的父母角色其实就是陪伴孩子——倾听他们，对他们产生兴趣，帮助他们识别并调节自己的情绪，而不是否认不愉快的感觉，这也并不容易做到。

"没什么，这不算什么事情"——避免否定孩子的感受

生活中总会发生令人沮丧的事情。举个例子，假设你的儿子发现他最好的

朋友取消了与他的见面，而邀请了其他人，这件事严重地伤害了你儿子的感情，当然也非常令人不悦。再举个例子，你的女儿长期以来一直努力想担任学生会中的某个职位，但最终她最好的朋友得到了这个职位，她感到特别失望（还有嫉妒）。

所以，我们的孩子来到我们身边，心烦意乱、生气、受伤、失望、嫉妒，等等——而我们，满怀善意，迫切希望消除他们的不愉快经历，让他们开心：*"瞎说，你自己会玩得更开心"* 或者 *"谁想要那个没用的职位？既然如此，现在你有更多时间放在学习上了"* 这些都是错误的回应。当我们忽视孩子的困难情绪，只是简单地回应道 *"这根本就不算什么事"*，孩子可能就无法从我们这里了解他们真实的自身感受。（*"爸爸妈妈，你们不理解我现在的感受！"*）因为对于他们来说，那些事真的算得上是"事"。

如果孩子的感受一直被忽视，那么他们可能怀疑自己是否能够识别和了解自己的感受。也就是说，要想日后成功应对各种生活事件和情绪，他们需要一个细心的成年人在一旁验证他们的感受，而不是忽视他们。我们尤其需要识别出他们的复杂情绪，给予他们空间，支持他们，让孩子能够接纳自己的各种情绪反应，保持冷静心态，这样他们才有空间容纳其他更积极的情绪和感受。

而正是在这一点上，事情开始变得有点复杂。的确，我们应该为孩子的感受给予肯定；但是，如果你的情绪反应过于强烈，也可能会出现问题。

避免反应过度和过度认同

我们再回到那个"儿子的一个朋友取消会面，而邀请其他人"的例子。这类令人不悦的社交情境可能会让我们想起自己童年经历的某件类似的事情，甚至让我们"失去理智"。这可能会导致我们对特定情况做出过于爆炸性的反应：*"太可怜了！真糟糕！离他远一点！你不要再跟他做朋友了，别让他再伤害你。"* 这是孩子最不想从你这里获得的情绪反应。遇到这种情况时，与其让孩子认识自己的情绪，或者你试图安抚孩子，不如让孩子通过你表现出来的反应来自我消化负面情绪。如果这时你和孩子的谈话无法起到镇静和安抚的作用，那孩子其实是痛苦、失望和受伤害的。

比如一个人即将在波涛汹涌的大海里溺死，那个人需要其他人和他一起溺死吗？当然不是。溺水者需要的是站在岸边的人能够伸出援助之手把他们从水里拉起来。（参见第7节关于情绪调节的内容）

也就是说，当孩子遇到情绪风暴时，他们需要的是我们保持镇定，给予他们安全感，而不是焦虑和担心。他们需要我们能够发现并理解他们的痛苦，需要我们的同理心——但要适度。（"我明白了，这确实让人不好受。**不过也许你的朋友并不是想伤害你的感情……我相信你改天就能见到他了**。"）另外，在很多时候，孩子其实不需要我们给出具体的建议，或者告诉他们该做什么。孩子心烦意乱时，首先需要我们验证他们的情绪，然后他们应该明白这些如暴风雨般的情绪与我们的不同。这种理解能够帮助他们调节困难情绪，我们也不会被他们的情绪所影响，或是过度认同。

适度的艺术 —— 从适当的距离观察孩子

我们需要保持适度范围。我们都知道，为了更好地看到镜子中的自己，必须保持适当的距离——不要太远，也不要太近。如果我们离镜子太远，就只能模糊地看到自己；但如果离镜子太近，我们又什么都看不到。

这个镜子的比喻也适用于我们与孩子之间的关系。想要更好地观察孩子，或者让孩子观察我们，我们都必须找到最佳距离——不要太远，也不要太近。有趣的是，育儿之道在很多方面就是两个人的真诚相处。两个人之间的空间也就是人际关系的空间。我们与孩子建立的关系可以帮助他们了解人性，了解人与人之间的差异，了解人际关系中的给予和接受。

但如果我们"离孩子太近"，那么孩子便无法从中学习。确实，有些父母不管孩子多大，总会尽其所能地在任何时候都与孩子保持"紧密"联系。（参见第3节关于"直升机式"育儿的内容）这样的父母有时会"压抑"自己的生活，以便"完美"地满足孩子的每一个需求。（或者更准确地说，他们认为孩子会有的需求）他们晚上不出门，因为不想把孩子交给别人看管；他们不想在职场中努力晋升，也没心思发展自己的爱好——这一切都是为了不伤害孩子。在某些极端情况下，他们甚至会选择不再扩展自己的家庭。

然而，如果父母离孩子"太近"，孩子会觉得整个世界都围着他们转。这些孩子可能会发现很难应对生活中的困难，难以了解自己或是他人，甚至很难与周围的人建立友好关系。这一切都是因为他们习惯了让别人随时满足他们的需求。他们缺乏机会去发现和了解他人的内心世界，而这些世界往往是有趣的、值得了解的。

另一个极端则是父母离得太远。他们几乎完全忽视孩子，不与他们互动，对孩子的生活也不感兴趣，这些孩子也可能在人际关系方面出现问题。

因此，作为父母，我们最好将自己置于这两个极端的中间地带——不要太远，也不要太近。我们应该从适当的距离观察孩子，让他们对自己的真实自我感到好奇，并且因为了解自己而兴奋。

允许孩子将我们作为一个普通人去了解

父母对孩子的过度关注可能会以另一种方式伤害孩子。孩子不仅无法"认识自己"，无法了解自己的内心，更难以将父母当作普通人去了解。

孩子们需要成年人在一定程度上引导他们，并满足他们的需求。如果父母拥有属于自己的生活，孩子也可从中受益。因为孩子能够成为父母生活中一个快乐且有意义的部分，但父母还有其他与孩子完全无关的生活乐趣。孩子们也受益于父母拥有充满意义的工作、爱好和健康的夫妻关系，以及自己的社交圈。如果父母拥有这一切，那么孩子就可以将我们作为一个普通人去了解，而不仅仅是作为他们的父母。因此，就像我们希望了解孩子一样，我们也应该给孩子提供各种绝佳机会，让他们了解作为普通人的我们。

我们可以通过与孩子分享自己的世界来帮助他们发展人际关系：告诉他们工作中发生的事情、前几天你去过的地方，分享当你的朋友没有约你出去时，你感觉如何，以及朋友后来道歉时，你如何原谅了他们。同时你也可以分享自己小时候的故事。当孩子发现父母并不是生来就是"成年人""父母"时，会非常开心。

当我们努力处理与孩子的人际关系时，就会帮助他们与其他孩子和成年人建立更多有意义的关系，并极大地提高他们在自己身上发现价值和快乐的能力。

回到实际操作层面，我们可以做些什么来促进孩子的心智化能力？

· 给情绪、感受和想法命名："你太兴奋了！""你看上去很失落""我知道你很失望，这件事确实让人扫兴"。

· 孩子产生困难暴躁的情绪时，请不要崩溃，也不要忽视孩子的这些情绪。这时的你需要认真看着孩子，认同他们此时的感受；这样可以有效控制和调节孩子的情绪，最终让孩子从中解脱出来。

· 与孩子一起玩耍。玩各种形式的游戏是提升心智化技能的绝佳方式。

· 分享你个人世界的经验——你的内在世界和外在世界。这样一来，孩子就会把你作为独立个体去了解和认识，对结识其他人也会充满好奇。

· 警惕误解，必要时须道歉。请记住，孩子们通过观察他人的行为学到很多东西。如果我们为他们树立了一个时常内省、为自己的行为负责的形象，他们也会照样模仿。

· 你的孩子和你是不同的。（与小时候的你也不同）认识到我们和孩子之间的区别，以及对孩子独特的内心世界保持好奇。

当孩子的行为激怒你时（比如发脾气、撒谎、摔门），这时你要做的是暂停片刻,深呼吸,不要马上对此做出反应。**思考并确定这些行为背后的含义和想法**,然后以不同的方式去看待。很多时候,暂停与内省就足以让你从新的角度看待那些情况,最终解决棘手的问题。

结语

心智化是健康心理状态的重要基础之一。心智化从父母与孩子之间的关系中发展而来。作为父母,我们可以促进孩子心智化的发展。孩子自出生起,我们就应该将他视为一个完整的人,一个拥有自己独特内心世界的人。我们帮助他们感知自我,以后也以同样的方式看待他人。对孩子的内心世界保持好奇,即使我们可能永远无法完全理解孩子的内心世界,这也没关系,但我们要接受这一点。

当孩子与我们分享他们的经历时,我们要陪伴倾听,但必须保持适当距离:不要太近(过度认同他们),也不要太远(当作"什么也没发生")。另外,我们要将孩子当作一个人去了解,同样也要让孩子把我们当作人来了解。这一过程是通过对话、相互分享经验和一起玩耍来实现的。你们要一起享受彼此陪伴和前行的过程,珍惜与孩子建立的真正联系。

12

自我效能：让孩子相信"我能行"

无论你认为自己行还是不行，你都是对的。

—— 亨利·福特（Henry Ford）

教我如何倒立……

这个数学题怎么做，我快要期末考试了……

明年生日我想要彩虹独角兽软糖蛋糕……

面临孩子的这些要求时，你很可能会对可爱的孩子说：*"你没事吧？彩虹独角兽软糖蛋糕？"* 或者你更有可能说：*"当然了，不过我不确定可不可以，我尽量……"*

你对这些问题的回答都与"自我效能"这个术语有关。

就算你不会倒立、制作彩虹独角兽软糖蛋糕或解答数学难题，但是了解"自我效能"这一心理学知识是你送给孩子的重要礼物，这份礼物将影响他们的一生。

自我效能

你能根据孩子的能力猜测他们的想法吗：你的儿子把你当作他的好朋友

吗？你的女儿认为自己的音乐才华如何？他们如何看待自己的数学能力或运动天赋？

美国心理学家阿尔伯特·班杜拉（Albert Bandura）提出了自我效能这一理论，指的是个人对自己完成某方面工作能力的主观评估。自我效能感因领域而异。有的人可能在运动方面自我效能感较高（"*如果我努力训练，那我就能跑得像我想象的那样快*"），但在技术方面自我效能感很低（"*我从来就没有成功换过轮胎*"）。在育儿方面，我们都有不同程度的自我效能感（"*我相信自己是个好父母*"）。我们对自己的工作能力以及生活的各个方面都有自己的看法。自我效能感根据我们的经历在不断变化。

为什么这很重要？因为我们对问题的自我效能水平将决定我们尝试和参与任务的意愿、投入和努力程度，最终影响我们的成就水平。于是魔力开始显现了。当我们相信自己可以完成某项任务时（比如跑步 10 公里、烤出美味的蛋糕或学习弹吉他），我们就会试一试。仅仅是尝试就增加了成功的可能性。最终的成功将会进一步提升我们对任务的自我效能感，这可以鼓励我们在未来再尝试类似的事情并取得成功。

我可以跑十公里吗？

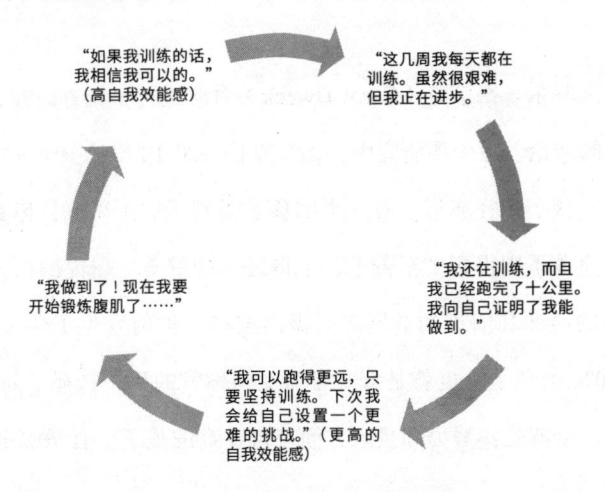

"如果我训练的话，我相信我可以的。"（高自我效能感）

"这几周我每天都在训练。虽然很艰难，但我正在进步。"

"我还在训练，而且我已经跑完了十公里。我向自己证明了我能做到。"

"我可以跑得更远，只要坚持训练。下次我会给自己设置一个更难的挑战。"（更高的自我效能感）

"我做到了！现在我要开始锻炼腹肌了……"

这个良性循环也可以运用到工作上。然而，如果我们不相信自己可以跑完那十公里，或者制作出美味的蛋糕，或者学会演奏乐器，就会选择主动逃避这些任务，一点点付出都不愿意尝试。（"低自我效能"）长此以往，我们成功的可能性就会越来越小，得到的只有自己不能跑/演奏乐器/制作蛋糕的"确认信息"，且再也不会去尝试。

在这里我想特别强调一点：自我效能感的高低不是生来就有的，我们可以提高自己的以及孩子的自我效能水平。说到提高孩子的自我效能感，这个过程在很大程度上掌握在我们的手中。换句话说，身为父母，我们的一项重要的工作就是培养孩子在各方面都具有自我效能感。我们希望（并且能够）培养孩子相信自己的能力：无论是在学校教育、体育运动、演奏乐器、记忆能力、学习新语言以及任何其他方面。应该怎么做？我们可以参考很多相关指南。

"你真聪明"还是"你真勤奋"？

有哪位父母不称赞孩子的聪明和成功？在前面的章节中，我清楚地强调了赞赏孩子的重要性。父母的热情很重要，但我们赞美的内容也很重要。可能会让你惊讶的是，诸如*"你真聪明！"*以及*"你真是个好学生！"*这样的赞美并不是孩子需要的，而且这种赞美可能会减损孩子为实现更高的成就而努力的意愿和动力。

研究员卡罗尔·德韦克（Carol Dweck）对此进行了调查研究，得出了一些令人深思的结论。在一项研究中，德韦克让一组10岁的孩子完成一个中等难度的谜题。孩子们完成后，有一半的孩子得到了"干得好！你真聪明"的赞美，而其他孩子则得到"辛苦了，干得好"的赞美。研究的第二阶段是让孩子在简单的谜题和困难的谜题之间做出选择。你猜发生了什么？请注意：第一组中70%的孩子，也就是那些智力受到称赞的孩子选择了简单的谜题。第二组孩子，也就是在努力和投入方面获得赞赏的孩子，有70%选择了困难的谜题。

你知道为什么被冠以"聪明"称号的孩子选择付出更少的努力吗？

因为当我们称赞孩子的聪明和成就时，他们觉得自己需要继续证明自己的价值。这些孩子会害怕失败，因为失败意味着失去"聪明"或"优秀"的称呼。这就是第一组孩子选择简单谜题的原因：他们不想失败。

可以这样想：如果你女儿的考试得了 A，你对她说，*"真棒！你真聪明！"* 如果她下一次得了 C，会怎么想？"聪明"与"蠢笨"仅有一步之遥。

当我们对孩子的努力和投入给予积极反馈时，我们传递的信息是困难本身就是挑战，付出努力总是有回报的。所以，当女儿带着好成绩回家时，你最好告诉她，*"真棒！你学习很用功，你付出了很多努力和汗水。"* 下次如果她拿到了 C，也许她会告诉自己，*"可能这次是我不够努力。下次我会更努力，做得更好。"* 所以，与其赞美孩子的聪明，不如赞扬他们的努力。这种赞扬对孩子未来的进步和发展，对于他们养成良好的学习习惯，以及愿意应对新挑战至关重要。

我们只能用语言赞美吗？还有其他方式吗？德韦克继续研究这个主题，探寻为什么有些孩子会回避挑战，而有些孩子则将挑战视为可以正面应对的经历，她发现，父母和孩子对人类能力本质的预设是错误的。

"天生如此"还是"潜力无限"？

音乐才华、语言天赋、数学好、情商高、技术本领、擅长烹饪……

对于以上这些能力，你相信是命中注定的，（"你要么拥有，要么没有"）还是可以通过后天努力实现的？或者说，你相信"人的潜力是无限的"吗？

有人认为人的大脑和才华是固定的，无法改变。这就是固定心态。这类人往往害怕挑战，所以通常会选择不努力。当然还有些人相信才能可以提高和发展，这就是成长心态。拥有成长心态的人愿意付出巨大努力，勇于克服困难和挑战，因此最终能够取得傲人的成绩。

众所周知，我们既需要与生俱来的天赋，也需要后天的尝试和学习。不过越来越多的证据表明，实践和努力对结果的影响比我们想象的更大。我们对于实践和努力的重视具有很大价值。如果孩子相信通过努力可以提高自己的能力，那么他们最终会取得更好的成绩。作为父母，我们可以影响孩子的观念。我们可以告诉孩子，大脑是一个灵活的器官，不会停止发展和变化。每次训练或新的体验都有助于建立新的神经连接，因此我们练习得越多，就会提高得越多。我们的学习能力是无限的，这是一个已被证明的事实。相信这一点可以为未来的巨大成就铺平道路。我们可以通过这一信念对孩子的大脑产生积极的影响，这是我们可以送给孩子的最美好的礼物之一。

此外，过去几年中不断有证据表明，早期的强化学习加上终身学习的习惯，可以开发大脑，防止功能退化。由此，你（作为父母）也应开始学习西班牙语、下棋、弹钢琴，或者为了任何未实现的梦想而努力。

做一个完美主义者很难，也不明智

我们可能都看过或听说过：在求职面试中，如果被问及哪些品质可能会妨碍我们完成工作，那么应该回答**"我是一个完美主义者"**。好像完美主义是一种积极的属性，只是在此时伪装成一个消极品质。然而，今天我们知道，完美主义其实是一种心理问题，会给人们带来很多痛苦和挫败感。

完美主义源自"完美"这个词，意思是人们认为一切事情都可以"毫无瑕疵"地完成。有了这一设定，任何不完美的东西一律都会被完美主义者视为失败。信奉完美主义的孩子就算考试得到 99 分也依然会感到失望；如果照片拍得不好看，字写得歪歪扭扭，或者步入青春期后额头上长痘痘，都会让他们沮丧、发脾气。

如今这个社会非常强调成功、野心与竞争力之间的联系。正如所有的电视真人秀中都有输有赢，但被淘汰的那帮人会被尤其强调。完美主义似乎成为了主流价值观。然而,完美主义的代价是沉重的:越来越多的儿童、青少年和成人长时间缺乏成就感和满足感,觉得自己很失败。尽管如此,完美主义不是"无期徒刑",我们可以帮助孩子摆脱这种心理问题,至少能够减轻其消极影响。

完美主义的根源在于其假设成功有一定的标准,因此任何达不到它的人都会被算作失败。然而,我们完全可以怀疑这个假设。看看以下两个任务:"通过法语考试"与"学习说法语"。如果我们将任务设定为"通过法语考试",那么这就是一个明确的标准,可以用于自我检查和衡量。如果设定的任务是"学习说法语",那么我们的学习和改进的能力则是没有限制的。在这种情况下,当事情没有按计划进行时,就不会感到沮丧,因为这只是学习过程中不可分割的一部分。"给线条上色"和"绘画",或者"弹奏这首钢琴曲,不可出现任何错误"和"学习弹钢琴"这两组例子也是一样。

认为成功有一定标准的人,注定一生会经历很多挫折。然而,相信天无绝人之路的人,会不断前行,把每次失败都视为一次重要的学习经历。

如果你的孩子有完美主义倾向,比如不想输掉任何一场比赛,对自己笨拙的绘画感到沮丧和愤怒,对在考试中得到 A - 感到失望等,你就需要向他们说明以下道理:他们所有的经历和尝试都具有价值,学习的道路上没有固定的标准,我们学习和成长的能力也没有限制。看似失败的事情仍然是通往成功道路上的重要组成部分。

**有趣的现象:"女孩普遍不擅长数学"——
我们对自己的先入之见,以及将自己与他人做比较的危害**

在过去几年里,世界各地的一些高中实施了学习期末数学的试验计划。计划设定了男生和女生分开学习,这样一个设定背后的逻辑到底是什么？很多女生在高中时会放弃高水平的数学，因为男生普遍被认为擅长数学，女生相形见绌，导致自尊心低。然而，研究表明，男孩和女孩的数学能力没有遗传差异。这种差异似乎源于这一社会偏见和女生的低自尊。实施该计划的学校成功通过期末考试的女生人数大幅增加——这一切都是因为她们与班上的男生分开学习。女生的数学考试通过率与男生相同，这一结果产生的原因很大程度与女孩的自我效能感有关。一旦她们不再觉得自己正在被拿来与男生做比较，自我效能感就会呈指数级上升。

我们需要注意这一点，在许多情况下，我们倾向于对自己执行某项任务的能力进行预设——同时，我们将自己与他人进行比较。然而，这样的比较会对我们造成伤害，并影响我们参与某些活动或任务的动机和意愿。例如，一个女生尽管非常想报名参加体操比赛，但最终选择不报名——**"因为我永远不会像我姐姐那样优秀，她在学校比赛中获得了第二名"**，这不是很遗憾吗？

因此，如果你的孩子打算放弃某些活动，**"我永远不会像其他人一样擅长"**——请记住，比较是多余的，只会损害孩子的成就感和体验感。的确，在一个家庭或孩子的社交圈中，我们不能像"仅限女生"数学组一样进行人为分离，但是我们可以让孩子摆脱不必要的期望，参与自己选择的任何活动，而且不将他们与别人进行比较。

我已经全力以赴，但还是失败了——这对我来说意味着什么？

"我参加了学生会选举，但没有当选""我在全校师生面前表演唱歌，但跑调了""我约了一个女生出去，但她拒绝了我"。

出现以上情况该怎么办？

说到拥有高自我效能感的孩子（即相信自己可以成功的孩子），我们倾向于认为他们是"成功的孩子"。然而，能力水平的高低实际上可以通过我们应对失败的方式来体现。毕竟，生活充满了考验和挑战，我们不可能总是成功。我们从失败中学到了宝贵经验，听到了自己内心的声音。换句话说，能力水平高低取决于我们如何看待失败。这时，我们身为父母再次起到了重要作用：你对待孩子失败的态度会随着时间推移，成为孩子自己内心的声音。

假设孩子在科学考试中得了 D，或者参加了学生会选举但没有当选，他们可能会将失败归咎于外界因素（"考试太难了""今年参加选举的同学太多了"）以及任何他们能想到的内在因素（"我还不够努力""我的参选演讲准备得还不够充分"）。他们可能认为失败是永久性的（"我的理科就是很差"），或者将其视为暂时的（"考试前一天晚上我没有睡好，所以考试时我无法集中注意力"）。

倾向于将失败归因于自己（内部归因）或将失败认为是"永久性的"（"我的理科就是很差""我就是做不到，一直都做不到""班上的同学不喜欢我，所以他们不会选我"）——这些孩子会选择逃避类似的经历，从而导致自我效能感低。而那些将失败归咎于外部因素（"考试太难了"或"其他的候选人真的很优秀"），或者归咎于内在但转瞬即逝的因素（"我的努力还不够，下次我会更加努力"）的孩子——他们会再一次地尝试，付出更多努力，最终取得令人满意的成绩。

同时，我们也应该问问自己，我们和孩子是如何定义失败的。假设你的儿子在某个代表队中名列前茅，但没有通过最后一轮比赛，这算是失败吗？如果你的女儿在学校的乐器表演中表现很出色，但漏掉了几个音符，这算是失败吗？这些情况下，我们要记住在整个过程中我们付出的努力和得到的乐趣，以及所有大大小小的成功，你不应该让一次不成功占领整个生活。

熟能生巧 —— 一万小时定律

如果你的女儿想上芭蕾课，但你认为她不是很有天赋，你会让她去吗？如果你的儿子想学习乐器，但你认为他缺乏乐感，你会如何向儿子解释？

我们从小就听说过"神童"的故事，就好像有些小孩天生就是杰出的音乐家、出色的运动员或"天才"。然而，"神童"实际上非常罕见，甚至真实性存疑。不管在什么方面，我们与生俱来的天赋在通往成功之路上只占很小的一部分。比天赋更重要的是努力、实践和对成功的信念。

马尔科姆·格拉德威尔（Malcolm Gladwell）在他的著作《异类》（*Outliers*）中特别讨论了这一问题。他引用的很多研究论文跟踪了具有非凡才能和成就的人的生活。显然，在任何领域，不管是乐器、体育、工程还是国际象棋，人们需要一个10,000小时的训练计划，分布在大约十年的时间范围内，最终达到非凡的专业水平。格拉德威尔认为不存在"神童"这一说法。有天赋、有抱负、有动力，再加上不断练习，才能成为杰出的音乐家、棋手、开发者等。**"不是因为优秀才不断练习，"** 格拉德威尔写道，**"而是因为不断练习才变得优秀。"**

那么你的儿子缺乏乐感，只要他练习，就能成为一个有才华的鼓手吗？如果他喜欢打鼓并愿意付出努力，那么他很有可能成功。无论结果如何，都值得一试。记住，最终目的地（目的地并不真正存在）并不重要；真正重要的是实践和不断完善自我，以及享受这一过程的乐趣。

结语

孩子们天生好奇，热衷于寻求挑战，他们喜欢努力并取得成功。我们要让孩子感觉自己是有能力的。

自我效能是我们可以给孩子的最重要的礼物之一。孩子对于执行能力的信念与他们参与不同活动并在其中取得成功的意愿直接相关。

若要鼓励孩子付出行动，需要赞扬他们的努力，而不是他们的聪明。另外，要告诉孩子，他们的才能不是"天生如此"的，而是随着经验、尝试以及付出的努力而不断发展的。最后，失败是从错误中吸取教训并继续尝试的绝佳机会。

我们要让孩子相信大脑是一个灵活的器官，孩子的能力可以通过努力得到提高——挑战自我、不断尝试、投入更多努力，最终取得令人瞩目的成就。

13

内在动力：把"我能行"变为"我想做"

如果你有梦想，你就能做到。

——沃尔特·迪士尼（Walt Disney）

你有没有问过自己：

孩子在幼儿园里玩完玩具后总是会捡起来收拾好，而在家里却从来不捡？

我的孩子知道每个 NBA 球员的名字，对篮球规则也烂熟于心，但为什么他不能以同样的方式复习历史？

我的孩子全天都在为青少年夏令营做准备，他们是怎么做到的？他们如此努力的动力是什么？为什么在家庭相关的事情上，他们投入的精力连一半都不到？

在上一节中，我强调了认可孩子能力的重要性，这会影响他们的自我效能感。然而，除了技能之外，他们的意志力、激情、热情、前进动力、好奇心以及设定理想和目标的能力都同样重要。在本节中，我们将尝试了解引起儿童和青少年积极性的触发因素是什么，以及我们的哪些行为会无意中破坏它。

培养负责任的孩子

作为父母,我们希望自己的孩子在各个方面都具备责任心:摆正桌椅、完成作业、为考试复习、与兄弟姐妹玩耍、洗碗、遛狗(*"你答应过你会对它负责!"*)、练习乐器、锻炼身体等,谁不想培养出负责任的孩子呢?

无论年龄大小,孩子都可以独立完成某些任务:从捡起掉落的奶嘴开始,到自己拿起一杯水,到为全家人做饭。听到这个你可能会感到惊讶,但孩子们的确天生喜欢努力工作和承担责任。然而有时我们无意中破坏了他们的内在能力,包括他们的意愿,其中最大的错误做法就是我们为了激发孩子,提供了很多奖励。

"如果……那么……"的滑坡谬误

学者丹尼尔·平克(Daniel Pink)在他的《驱动力》(*Motivation*)一书中写下了他对于激发孩子内在驱动力的看法。大多数人倾向于认为,如果我们希望激励某人做某事,就必须给予奖励,以起到积极强化的作用。与我们日常熟知的逻辑相反,以"如果……那么……"(*"如果你打扫自己的房间,那么我们就去吃比萨"*)的形式获得外部奖励,会损害完成某项事情或任务的意愿。而即使没有这样的奖励,孩子也会做得很好。

假设你让家里的大孩子帮忙照看弟弟妹妹,之后断断续续地让他帮忙了几个月,到目前为止一切进展顺利。但是,之后你可能会考虑给孩子一小笔钱,用以奖励他的"保姆职责"(*"让孩子保持提供帮助的动力"*),这是错误的。儿童(或成人)通过自己的行为获得金钱奖励或任何其他类型的外部奖励后,他们之前"自然而然"做的事就变成了"家务活",甚至是"烦人的家务活"。

你需要注意:如果孩子之前出于内在动机,尤其是家庭责任感而同意你的要求,那么你给予的外在奖励会破坏孩子的内在动机,并将其转化为外在动机。就好像一个内心的声音在孩子的耳边低语,如同潜意识一般:*"我这样做只是因*

为我能够得到报酬——我不喜欢做这件事，除非能够继续得到报酬，否则我以后不会再做这件事。如果我有更好的机会，或者有更重要的事情，那我就不干了。"你一定非常不希望孩子出现这样的想法。

当孩子每洗一次碗，我们就给他一美元，或当孩子考试取得了好成绩，我们就答应给他们买动漫周边或电脑游戏时，孩子就会出现这样的想法。"如果……那么……"形式的外部奖励让孩子本来出于承诺和内在动机的自然行为转变为不情愿做的事。

这也可能是孩子讨厌考试的原因之一——拿到多少分，才有某项奖励。如果我们让他们从有趣且富有创造性的项目来选择学习内容的话，他们很可能会喜欢这个过程，带着好奇心、乐趣和内在动力去学习。然而，从我们设定"通过考试"目标的那一刻起，孩子的学习动机就变成了一个外界要求（要获得好成绩），那么即使孩子最终取得了不错的成绩，这个学习过程还是变成了一项令人不快和无趣的任务。

正向强化的作用呢？

这里的确容易让人弄混，这是否意味着给予孩子正向强化和赞美是完全错误的？当然不是，完全不是错误。表扬和正向强化在教育孩子的道路上十分重要，不可或缺。正向强化有助于我们将重要的价值观传递给孩子，但必须以正确的方式。

首先，正如我在前一节中所写的，最好对孩子的行动或努力进行正向强化，而不是他们的天赋或聪明。其次，尽量减少"如果……那么……"的思维模式，避免将不同的行为归类为不愉快和不需要的任务。相反，你应该仅在孩子完成任务后才给予正向强化，并向孩子具体说明我们对他们的哪些方面印象深刻。美籍以色列心理学家丹·艾瑞利（Dan Ariely）在其著作《动机背后的隐藏逻辑》（*Payoff—The Hidden Logic that Shapes our Motivations*）中将这种行为称之为认可。"认可是一种魔法，是一种微型的人类连接，一个人送给另一个人的礼物也可以转化成更具有意义的结果。"已有研究证明，我们对他人努力的认可可以极大地提高这个人的积极性。因此，举个例子，当我们要年长的孩子照看弟弟妹妹，他们听话照做了，我们就可以说：*"真棒！看到你能够照看弟弟妹妹，与他们相处得如此融洽，我们很欣慰，也很感激。"* 给予这样的反馈，以后再让孩子照看弟弟妹妹的可能性就大了很多。

此外，我们需要让孩子感受到他们的付出是有意义的，而不仅仅是随意为之。（*"你帮我们照看弟弟妹妹，帮了我们大忙，这样我才能专注于其他事情。"*）另外，你向孩子给予的正向强化必须是真诚的，而不是强迫的。孩子对于任何虚伪、不真诚以及过度的赞美都很敏感。因此，现在我们可以理清思绪：孩子希望通过我们的认可来获得欣赏。请尽情地欣赏、赞美你的孩子，不过要以合适的方式。

什么时候可以适用呢？

对于不是特别愉快的小事，以及不要求孩子有内在动机的行为，你就可以使用"如果……那么……"的强化方式。比如，如果你的孩子害怕打针或接种疫苗，你可以说，打完针后你就会带他去吃冰激凌。诸如此类的情况完全可以使用"如果……那么……"的强化方式。我们几乎不会指望注射疫苗会成为他们的某种内在动机。或者，当我们尝试改掉孩子的某些不好的习惯（*例如，孩子在晚上总是爬到父母的床上*），你可以给予他们正向强化，设法改变他们的行为（*在自己的床上睡一整晚*）。你要确保的是给予的正向强化只能是一些具有象征意义的小物件，比如贴纸，而不是昂贵的礼物。你也可以说，孩子收集五张贴纸后，就可以得到一个惊喜——不需要准备太贵的惊喜。为什么具有象征意义的小物件如此重要？你需要知道，我们传达给孩子的信息是：他们是为了完善自我而修正自己的行为，不是为了得到礼物。如果你长期以这样的方式教育孩子，那么很可能过一段时间，奖品和奖励都会变得多余，但孩子修正了自己的行为。

培养热爱学习（和做家庭作业……）的孩子

我们在这方面可能也需要改进。

如果你给正在上幼儿园的孩子一本数学或语言学习的练习册，他们很可能会兴高采烈地去做题（甚至可能会要求你给他们更多的作业）。但过几个月后，你再给他们同样的作业簿，但称其为"一年级的家庭作业"，他们就会百般逃避，拒绝完成这一任务。这个过程中出了什么问题？我们的错误在哪里？

家庭作业的问题经常引起专业教育工作者的争论。如果不深入探讨学习过程中是否需要家庭作业的问题，那么毫无疑问，从一年级开始，家庭作业就变成了一项繁重且不必要的任务。孩子们讨厌做家庭作业，而且我们也讨厌做他们的家庭作业，这一点值得我们深思。

我们在这个过程中起到的作用是什么？

我们仍记得自己的学生时代。如果我们当年很讨厌做家庭作业，那么也没有理由要求孩子去做不喜欢的事情。除此之外，当我们坐下来和他们一起写作业时，我们要帮助孩子检查、纠正、修改、涂抹，甚至需要亲自替孩子做这些——此时孩子会感受到压力、沮丧和不自信。谁愿意在这样的氛围中做作业？

而且有时候我们与孩子的主要交流也都围绕着家庭作业带来的困扰，这不是很遗憾吗？不能和孩子谈论他们一天中发生的好事，或是听他们讲述学校里的有趣事情，却一直忙于催促他们完成家庭作业。

我们必须要知道，很多情况下，责任不能同时由两个不同的人承担。如果你负责孩子的家庭作业，那么当你看到孩子在为作业焦头烂额时也不必惊讶。如果我们希望有一天孩子能够为期末考试或他们期待去做的任何行动或任务承担起责任,这绝对是我们都希望的事情,那么我们必须在孩子年幼时就开始向他们传递责任,越早越好。当孩子还在上小学低年级时,我们可以提醒孩子做作业,确保他们坐下来做,回答他们的任何问题,做到这些就可以了,不用为孩子代劳太多。将来,随着孩子们的成长,我们的参与程度应该大大降低。

请记住,这是孩子的家庭作业,而不是你的。孩子的家庭作业不需要"完美";错误是任何学习过程中不可分割的一部分,这点也很重要。另外,如果你的孩子在学校偶尔不做作业,并为此承担责任(**"非常抱歉,我们昨天庆祝了我姐姐的生日,我没能完成所有的作业"**),也不会发生什么大灾难。孩子对自己负责的能力,以及孩子与父母之间保持良好关系的能力,这种复杂而深刻的关系不会被关于家庭作业的争论"污染",要比再做一页数学题更重要。

请记住,孩子天生就对一切充满好奇,喜欢学习新事物。找到保持孩子好奇心的方法很重要,不要打击他们的好奇心。出于好奇而学习是主动学习,孩子可以自由选择,探索无限的知识。当被压力和强迫感包围时,或者在充满评判和限制的气氛中,这种魔力是不会发生的。

培养对爱好和课外活动感兴趣的孩子

体操、篮球、手工、魔术、科学实验、厨艺、演奏乐器、辩论、编程,以及无数其他——这个时代所能提供的课外课程无边无际。难怪,在这种情况下,我们的孩子会发现选择是如此混乱——他们尝试,改变主意,退出,再试一次,然后再退出。这真的很令人困惑。关于决策制订的研究表明,我们面临的选择越多,对最终选择的满意度就越低。这种现象被称为"选择悖论",我们的每一个选择都强调了失去所有未选择的可能性。

然而,课外活动和兴趣班对孩子的发展仍然很有价值。不同的课程让我们的孩子接触不同的爱好和兴趣,提高他们的整体创造力,让他们发展才能,最终有助于孩子发展自我能力。为此,你需要参与孩子最终选择的课程中,但不要以霸道的方式。同时你应该定义"框架":孩子可以选择多少课外班(不要过度,孩子也需要休息时间)以及应该选择哪些类型的课程(音乐、体育、艺术等)。除此之外,试着让你的孩子有自己选择的自由。拥有自由选择权和掌控感的孩子,更倾向于投入学习并充分享受其中,以此对自己所选的课程负责。请记住,只有极少数孩子能从当地的体育兴趣班被选拔去参加奥运会。假设你的孩子不在其中,请提醒自己,课外活动的目标实际上是接触新的兴趣,以及这一团体提供的特殊社交聚会,当然还有孩子所选择的活动的乐趣。

是繁重的任务,还是令人愉快的挑战 —— 这取决于我们!

关于动机是不可能写出一章的,更不用说汤姆·索亚了。

马克·吐温书中的主人公汤姆·索亚得到了一份无趣的工作——粉刷波莉姨妈院子周围的木栅栏。索亚对自己的命运感到绝望,他找到了一个巧妙的解决方案。他把围栏分成了许多部分,经过一番艰苦的谈判,他把围栏的粉刷权"卖"给了自己的一些邻居朋友。很快,索亚的朋友们就热情地粉刷了栅栏——索亚连一根手指头都没动。他的行为揭示了动机的一个奇迹:显然,同样的任务可以是一种负担,也可以是令人兴奋、愉快的挑战——这完全取决于它的呈现方式。我相信你可以从你自己的生活中想到类似的、相关的例子。

事实上,"汤姆·索亚效应"可以归因于我们作为父母的日常生活。下次你需要孩子的帮助时,请务必考虑到这一点——无论是组装橱柜、清理书桌,还是为晚餐做沙拉。只要我们不过度使用这个技巧,就很有

> 可能不必"强迫"我们的孩子完成给定的任务——给他们"权利"去做——就像汤姆·索亚一样。

培养有抱负、敢于梦想的孩子

"你的梦想是什么？""你的抱负是什么？""你长大后想成为什么样的人？"——即使你的孩子没有对这些问题给出任何答案（他们未来的工作很有可能目前还没有被发明出来），仅仅提出这样的问题就具有明显的巨大价值。积极心理学致力于对这一特质的研究，并将其称之为希望。美国心理学家里克·斯奈德（Rick Snyder）将"希望"定义为沿着通向理想目的地不断前行的感知能力，以及随时充满的动力。虽然乐观是一种相当被动的特征——**"我还是相信美好的事情会在未来发生"**——而且在很大程度上也是由遗传决定的，但希望这一特质涵盖了更为复杂的思维过程。这些思维过程包括我们愿意对自己提出挑战，并采取必要行动来实现这些目标。如果我们还记得希望的反面是绝望和沮丧，那么希望为何如此重要就不言自明。很多研究认为，拥有"希望"这一品质的孩子在各个方面都能够实现更高的目标，也更有能力克服障碍。

根据希望理论，目标可以是我们希望体验、创造或成为的一切（**"参加代表团""学习吹单簧管""成为医生""跑半程马拉松""更有条理"**）。儿童和成人的希望程度是不同的。一个人的希望值越高，就越会为自己设定复杂、长期和困难的目标。为了实现自己设定的目标，拥有希望的人会为自己定义子类别目标，遇到障碍时会寻找替代的行动方式。在此过程中，我们必须接受一个积极的内在声音，推动自己采取行动（**"我能做到！""我不会放弃这个""即使这很难，但我知道还是可以实现的"**）。通过这种方式，我们将朝着既定的目标前进，最终实现梦想。

例如，一个十几岁的女孩可能会这样告诉自己：

"明年我想成为组长。为了实现这个目标，我必须在即将到来的课程中付出很多努力。同时，我应该与课程负责人交谈，让他们知道这是我想要的。可能会有很多人和我竞争，但我不会放弃。我想要，并且我能做到。如果事情没有按照我预想的方式发展，如果我没有得到这个职位，那我会去找别的东西——更有意义的东西，我会尽我所能。如果有某位组长辞职，我会尝试取代他的位置。"

设定大目标，将其转化为更小的子集，积极的内心对话以及针对可能出现问题的策略——这些就是拥有高希望值的原因。

最重要的是，希望是一种我们可以帮助孩子发展的思维方式。我们可以教孩子敢于梦想，为自己设定目标并逐步实现这些目标；我们可以教孩子克服沿途出现的障碍，甚至为他们提供内在的、积极的声音，推动他们走向成功、实现梦想。心理和教育系统中的许多专业人士认为，教育孩子敢于梦想、拥有自己的抱负和希望、为自己设定目标并最终实现，这是我们不断变化的生活中最重要的使命之一。

结语

儿童与青少年本质上都希望努力工作并取得成功，他们想为家人和他人做出贡献。要做到这一点，请记住不要按照"如果……那么……"的思维方式给他们外部奖励，因为这会减少他们的内在动机，而非鼓励。事后的表扬、惊喜、对孩子的努力的认可，都是增加孩子价值感以及使他最终愿意按照预期行事的因素。此外，让孩子对他们的家庭作业和选择的课外活动负责也很重要。如果我们投入过多，给孩子施加很大的压力，那么他们马上就会觉得责任已经从他们身上转移到我们身上，这与我们的愿望完全相反。

我们应该记住的另一件事是，同样的活动可以是令人愉快和有趣的，也可以是令人沮丧和紧张的，这完全取决于我们的呈现方式。我们可以利用这一点来鼓励孩子基于幸福、享受和自由选择去做某件事，而非必要和强制。最后，除了日常任务之外，请记住，你应该培养孩子拥有梦想、希望和抱负，提升他们设定目标并最终实现目标的能力。作为父母，我们可以培养孩子对自己能力的信心，以及实现梦想的可能性。

14

积极的价值观：做值得孩子钦佩的父母

对世界来说，你可能只是一个人，但对一个人来说，你可能就是整个世界。

——布兰迪·斯奈德（Brandi Snyder）

美剧《黑道家族》（The Sopranos）的主角托尼·瑟普拉诺（Tony Soprano）陷入了真正的困境。他在电视剧中是一个富有爱心和责任心的父亲，有两个十几岁的孩子，但同时他也是新泽西州美意暴徒的头目，通过实施有组织的犯罪"谋生"。

这"两者"如何在同一个人身上并存？善良忠诚的父亲托尼希望将什么价值观传递给他的孩子？当孩子被问及父母的工作时，他们应该回答什么？这个情况实在很复杂。

如果你并不是靠与犯罪团伙实施犯罪来谋生，那就可以有充分理由希望孩子以钦佩的眼光仰望你，希望以后成为和你一样的人，为什么这如此重要？

本书的各个章节都集中在什么使儿童成为"人"的问题上：我们的孩子如何成为全面发展、负责任、善于交际、富有成效的社会一分子，如何成为拥有良好、诚实价值观的人。这些问题的主要答案与我们和孩子之间的关系以及孩子对我们的欣赏和钦佩有关。

这个观点可能有些牵强，我们的孩子应该真正钦佩我们，还是将我们理想化？在当代社会，这种看法还未有定论。但从定义上讲，为人父母并不是一种平等的关系：一边是身材高大强壮、负责任、知识渊博的成年人，一边是体格弱小、仍在学习、需要支持和保护的孩子，请允许我解释一下。

我的爸爸妈妈什么都会做！

孩子们在童年的大部分时间里都相信他们的父母是无所不能的：*"我的爸爸妈妈什么都会做！世界上没有什么是他们不知道的，没有什么是不能为我做的。"* 这种感觉尽管与现实相去甚远，但可以让一种健康的错觉在孩子身上生根发芽，你需要让他们一直拥有这种感觉。当孩子钦佩我们，用闪亮的眼睛仰望我们时，孩子就渴望变得像我们一样。他们在这个过程中吸收了积极的、有意义的价值观，成了我们所期待的"人"。

随着时间的推移，孩子不断长大，他们开始渐渐明白父母不是万能的，父母还有很多不知道和做不到的事情。不过在孩子的自我已经形成后，他们可以自然地面对这一现实。因此，这一过程只要缓慢而自然地发展，就不会影响我们的重要目标：帮助孩子获得积极的价值观。

听从你自己的良心（但在此之前 —— 听我的）

看到这里你可能会说，你希望孩子选择自己的方式，不一定受你的影响：让他们有自己的政治倾向和个人的宗教信仰，自己决定是否成为素食主义者或无肉不欢的人，选择他们的工作和兴趣。当然，所有这些愿望都是重要且正确的，但只有在你为孩子传输了基础性的价值观时，这些愿望才有意义。例如，你需要向孩子传输说实话、帮助他人、交朋友、对自己负责、避免暴力、做出道德判断等观念的重要性。

换句话说：我们是孩子的向导。我们为孩子提供的示范和指导是无可替代的。一旦我们引领孩子走上"正确的道路"，向他们传递我们所期待的价值观后，就可以让他们寻找自己独特的道路。

值得注意的是，价值同化的过程是自然发生的，其源于孩子对父母的欣赏和基本的钦佩。所以，我们要密切关注孩子的一些更"有问题"的行为。当孩子看到我们开车太快或占道时，当孩子看到我们互相大吼大叫时，当我们向邀请大家共进晚餐的阿姨撒谎时（*"不好意思，那天我们出门有事"*），他们也会模仿我们的这些行为。毕竟，没有比模仿更强大的学习方式了。所以，下次你在公园野餐时乱丢垃圾，在餐厅排队时插队，或者对工作人员态度不友好时，请记住，作为父母，我们一直在工作——在孩子们观察和学习的目光下，始终没有间断。

震惊、相似性和敬仰：海因茨·科胡特创造的三种发展途径

精神分析学家海因茨·科胡特的"自体理论"阐述了孩子应该以惊讶和敬畏的眼光看待父母。科胡特将儿童成为"人"的过程分为三种途径，这些途径都与孩子和父母之间的特殊关系有关：

第一条途径称为镜像移情，归因于我们自己对孩子的震惊，这是创建他们积极的自我形象和积极想法的核心原因。相关内容我在第 2 节已经讲过。

第二条途径叫作孪生移情，取决于在我们和孩子之间找到相似之处。这是孩子建立联系感和归属感的基础，对加强他们的社交技能很重要。第 9 节已经论述过相关内容。

第三条途径叫作理想化移情，与孩子对父母的钦佩有关。孩子们以

> 震惊和欣赏的眼光看待父母，似乎有助于他们为自己获得良好的价值观。本章重点讨论这个问题。
>
> 所有上述过程都依赖于这样一个基本假设，即在童年的最初几年里，孩子的"自我"意识仍然是原始的，没有固化。因此，孩子们将父母体验为他们自己的一部分，如同他们自我意识的延伸（参见第2节关于"自体客体"的内容）。镜像移情、孪生移情和理想化移情这三个过程可以帮助孩子形成稳定的自我意识。

当父母经历生活的坎坷时

此时狼狈的我们并不像值得钦佩的样子。当我们在经历一些生活困境时，比如遭受重大损失和深刻悲痛、长时间生病或住院、离婚或遇到经济困难等情况，就很难继续成为孩子钦佩的对象。要如何处理此类情况？

一方面，孩子认识到我们也是人，我们有弱点，有时也会遇到困难和危机，这一点是有价值的；另一方面，孩子期待我们"无所不能"，当父母不能在他们的生活中扮演一个强大而稳定的角色时，他们的生存安全感就会受到破坏，那我们应该怎么做呢？

在这种情况下，我们应该着眼于大局。先问问自己：孩子今年多大了？他们对某些情况的理解程度如何？父母中哪一位正在经历困难时期？是其中一个，还是两者兼有？正处于生活低谷的父母是否仍然能够发挥父母的作用？是否有能力满足孩子的需求？你的伴侣如何发挥作为家长的作用？家庭中是否还有其他人可以在困难时期过去之前承担父母的角色——祖父母、其他亲戚或密友？

你需要根据你的答案决定应对方式，为孩子减轻困难形势的压力。最好不要向他们隐瞒正在发生的事情，但也不需要分享每个细节。在养育孩子的过程中，有一个重要规则，那就是要说实话，但不一定要说出全部。尽量避免在孩子面前崩溃，至少不能崩溃太久。你需要记住，我们必须让孩子视为坚强、稳定、可以依靠和信任的人。

父母是灯塔，而不是"与自己平齐"

很多父母幻想着和孩子"在同一水平上"互动，也就是说想和孩子建立"朋友般的关系"。但是，如前所述，孩子不需要你成为他们的朋友，你们的关系不应该是"平等的"。他们需要的是各方面稳定和权威的成年人。孩子需要敬仰和欣赏父母，从父母身上获得积极的价值观；他们需要父母作为灯塔，照亮自己前进的道路。想一想"灯塔"是什么样的：高高在上，光线明亮强烈，不惧恶劣天气，永远在那里，安全稳定，为水手指明前进的道路。你的孩子正需要你像灯塔一样，无须其他。

那些从小在恶劣环境中成长的人值得我们注意。比如从小到大周围都是犯罪和暴力，但他们仍然排除万难，将自己从黑暗中拯救出来，重新为生活赋予价值和意义。这些人往往将成功归功于他们的父母，是父母引导他们前进并为他们照亮道路。他们的父母，以及老师、教育者等都曾向他们传递积极的价值观："你永远不要偷窃""永远不要说谎！""努力工作""你会成为一个好人"。毫无疑问，父母拥有巨大的力量来影响孩子做出改变。当然，这些过程也与那些在更舒适的社交环境中长大的人有关。

结语

孩子成为"人"主要是通过他们与父母的关系。当孩子用充满钦佩的目光注视我们时，就会通过我们给他们树立的榜样吸收良好的、有意义的价值观。因此，让孩子以钦佩的眼光仰望我们很重要。作为父母，我们需要引导孩子领会我们认为积极的价值观。

孩子们对父母的钦佩之情是巩固其稳定、健康的自我意识过程的一部分。

在此基础上，孩子不断成长，找到属于自己的独特道路，形成自己认为重要的价值观。我们在育儿的旅途中不能半途而废，我们永远是孩子的父母，孩子永远都在观察我们，模仿我们。作为父母，我们要时刻承担这份工作。

15
问题儿童："叛逆"的孩子，也想做个好孩子

"你今天表现怎么样？乖吗？听话吗？"

孩子从小就听到所有人都在说"做个好孩子"。然而他们并不能一直满足父母的期望。

"你又跟老师顶嘴了？"

"你不好好学习，这次考试又考砸了？（这种懒惰不是遗传我……）"

"你又跟小伙伴打架了？你这样下去没有好结果的。"

"你又逃学了？"

父母因为孩子从幼儿园、小学、初中到高中在学校里的作弊、打架等行为经常被老师找，也十分心累。*"我已经告诉你多少遍了？"*

每个孩子都有犯错的时候，这是正常而自然的，在某种程度上，甚至是我们想要的（参见第 10 节关于"太好的"孩子相关内容）。然而，一些孩子发现

自己总是很难满足父母、老师或周围人的期待。

本节将讨论如何应对内心挣扎的孩子：面对困难的孩子，以及与他们一起面对困难的我们。

每个孩子都想成为"好孩子"

这是一个重要的基本假设，需要记住：孩子们想要表现得很好。每个孩子，无论年龄大小，都希望父母对他们感到满意，并得到周围成年人的赞赏。听到这里你可能会感到惊讶，但即使是"淘气"的孩子也想表现得好，做个"好孩子"；"坏"学生也希望在学校表现出色。（是的，青少年也是如此）没有孩子喜欢失败、惩罚、考试不及格或者让父母失望。没有孩子想成为"坏孩子"或"懒惰"的孩子。

此外，重要的是要知道孩子在教育体系上的成功是他们主要的"人生使命"之一。就像每个成年人都希望在工作中表现出色、得到老板赏识一样，孩子们也希望在学校取得好成绩。

那么，什么可能会阻碍他们实现这一目标呢？

这不一定与情感相关

我们要想帮助孩子有效地解决困难，首先要了解问题的根源。孩子的内心挣扎可能源自多个方面，比如情绪或人际关系问题（你应该时不时地检查孩子手机中的秘密）；有时这种挣扎更多的是感觉父母没有参与到自己的生活中；另外可能还与生理因素有关，如学习障碍、注意力缺陷、调节困难等，类似的可能性还有很多。

过去，"坏"孩子很快会被周围人贴上"有毛病"或"问题小孩"的标签。而如今，老师和父母都倾向于将大多数孩子的问题归咎于情感因素：**"她是因为嫉妒""他争强好胜""她动力不足""他想得到更多关注"**等。有时确实如此，但并不绝对。在许多情况下，儿童的行为问题或学习障碍，并非源于情绪或行为，而是源于生理问题，我们需要明确区分情况，不要混淆。

我们应该清楚地意识到情绪的影响是一直存在的，与人们的状况和行为息息相关。然而，对于由情绪引起的叛逆、散漫和懒惰行为，我们应该可以找到这些情绪的源头。比如你又生了一个孩子；比如你搬家了，儿子或女儿在新环境中感觉被孤立；比如你正在经历一场艰难的离婚；比如身边的某个人去世了——这些都是情绪困扰的原因，会通过行为问题或学习障碍外显出来。但是，如果你找不到孩子学习或行为问题的情绪诱因，而且也尝试过设立界限、与他们交谈、鼓励他们，但全都失败了，那么建议你寻找其他突破口。

例如，学习方面的问题大多不是源于孩子的"懒惰"，或者他们不愿学习，而是可能由学习障碍、伴随注意力缺陷障碍而引起的，有时甚至是由与儿童感官有关的纯医学问题引起的，如视力问题、注意力问题、听力问题等。只要能够发现问题，你就可以准确有效地解决。行为问题同样也可能由儿童无法控制的生理因素导致。

隐形障碍

儿童行为问题的最常见原因之一是多动症，即注意力缺陷或多动障碍。很多人认为这仅仅是一个"学习障碍"问题，如果孩子在学校表现相当不错，或者能在电脑前集中注意力几个小时，应该就没有多动症。但事实并非如此。首先，"注意力障碍"涵盖的病症非常广泛，而每个病症又是不同症状（如冲动、多动和注意力不集中）的组合。其次，注意力障碍主要通过行为问题，而不是学习障碍的形式表现出来。患有注意力障碍的儿童通常难以按照他人期望的方式行事。他们知道规则，但很难遵守。这样的孩子可能会对老师态度很粗鲁，可能打了对他们很刻薄的人，虽然他们知道这样做是不对的。表面上看是"行为问题"，其实是一种生理上的问题，是可以追踪和治疗的。

我们将注意力缺陷障碍这种"看不见摸不着"的本质称作"隐形障碍"。

何谓"隐形"？因为孩子表面上似乎一切正常，身体健康，功能健全。如果我们看到孩子手臂受伤，缠着绷带，就不会让他们洗碗或打篮球。然而，注意力障碍是"看不见的"。它出现在孩子的生活中，影响他们的生活，但我们却看不出来问题出在哪里，有时还会引发我们和孩子之间的争吵、愤怒和误解。

除了注意力障碍之外，还有其他生理因素也是导致儿童和青少年问题行为的原因，如某些调节障碍——对周围世界的感受过于强烈或过于冷漠。另外还有"纯医学"的状况，如哮喘、过敏、糖尿病等，这些问题在孩子身上经常得不到诊断，更不用说治疗了。这类疾病会导致儿童感到紧张、空虚、精力不足，无法调节自己的情绪。因此，在将孩子的困难归咎于"情绪"问题之前，先要对孩子进行全面的身体检查，然后提醒自己，很多疾病由生理问题导致，而并非起初认为的情绪问题。

故意做"坏学生"或"坏孩子"

无论孩子在某些方面存在障碍的原因是什么，请不要给他们贴上标签：*"懒惰""心太野""胆小鬼"*，或是更为过分的*"怪物"*。一旦这样做，我们就无法解决问题了。有时孩子对自己"做个好孩子"的能力失去信心，以至于故意表现不好，或者被别人称作"班上最差的学生"。他们故意将自己的问题行为推向极端——*"这样就没有人要求他们达到父母或老师的期望"*。当孩子在学校表现不佳时，也会发生类似的情况。如果孩子一直有学习方面的困难，有时会直接放弃——*"我就做班上成绩最差的学生好了，至少这方面我很擅长。"*

为了避免这类情况的发生，你一定不能把孩子置于"问题少年"或"坏学生"之列，不要让他们的老师、同学，作为父母的我们，甚至孩子自己，认为他们就是"问题少年"或者"坏学生"。你要鼓励孩子重新开始，永远相信他们，相信他们有能力、有毅力做好（另见第 7 节关于情绪调节的内容，以及下一节关于设定界限的内容）。

私人课程或练习足球——哪个更好？

> 我们必须增强光亮，而不是对抗黑暗。
> ——A.D. 戈登（A. D. Gordon）

到目前为止，我已经谈到了父母如何解决孩子面临的各类困难。对于如何对待和解决孩子的困难，我们已经形成了惯性思维，如课外补习、职业治疗、心理治疗、艺术疗愈等。似乎一切都变成了"治疗"。解决孩子的问题确实很重要，我们不能放任不管。然而，与解决孩子的问题同样重要（甚至更重要）的是放大孩子的优势，关注孩子的才能和其他优秀品质。或者，正如 A. D. 戈登所说，"我们必须增强光亮"。因此，如果你的孩子有学习障碍，但同时拥有令人难以置信的足球或音乐天赋，在这种情况下，尽管他们的确需要补习功课，但让他们练习足球或演奏音乐，或者发挥自己的天赋更为重要。当我们关注"已有的"和"真正有用"的东西，而不仅仅是"缺乏"或需要"纠正"的东西时，才能帮助孩子建立积极的自尊。

换句话说，建立孩子的自尊和自我价值，与解决他们面临的各种困难和障碍同样重要，甚至更重要。归根结底，孩子还是同一个孩子。当我们欣赏、赞叹孩子的才华（比如独特的幽默感、舞蹈天赋、技术意识、创造性思维、想象力等），这些积极方面的价值连同孩子的自我价值就会增长。（另见第 2 节关于游戏代币的内容）

那么，我们对此能做什么呢？
对孩子的困难保持好奇心——了解困难的根源

如果孩子行为不当，或者在学校表现不佳，那么你就需要努力了解这些问题行为的根源。问问自己：你第一次注意到这个问题是什么时候？这个问题一直都存在吗？孩子的困难在不同情况下都会出现，还是只在某位老师面前？或者只发生在家里？孩子最近压力特别大吗？孩子的朋友在找他们麻烦吗？他们的老师怎么说？他们自己怎么说？

这些问题的答案将帮助你理解：这些困难源于情感层面还是社交层面？你作为父母的作用有变化吗？你的界限是否不清晰？困难是否来自完全不同的方面？也许孩子患有某些病症，所以才出现一些问题行为？如果无法为孩子的行为找到明确的原因，那就应该扩大圈子，与儿科医生、学校辅导员、儿童心理学家、职业治疗师交谈，获得更多建议。如果怀疑孩子患有多动症，则需要去找儿童神经或精神方面的医生。

根据问题根源调整你的应对方式

如果孩子因情绪问题而精神不振，你就需要多和他们聊聊，鼓励他们，减轻他们的情绪困扰。如果孩子的问题与社交有关，那么你需要和老师、学校辅导员以及其他孩子的父母交谈。绝不能对孩子感到孤独或被排斥的情况坐视不管。然而，如果问题出在生理上而不是情绪上，那就没有必要因为孩子没有好好学习或不能适当调节情绪而对他们生气，此时重要的是解决问题的根源。（也许他们需要上辅导课？也许需要吃药？）

不同情况之间的差别很大，因为如果我们急于判定困难根源是行为因素或情感因素，也就相当于假设孩子对自己的问题行为有一定的控制。除此之外，我们还相信自己可以做一些事情来让孩子摆脱问题的魔掌（设定更多界限、生气、惩罚、给予额外关注，或者转移注意力）。但是，如果我们弄错了，发现问题真正的源头是生理层面而不是情感层面，这就像我们因为别人需要戴眼镜阅读而生气。

让孩子觉得你和他们站在一起而不是反对他们

在某些方面存在问题的孩子往往觉得没人理解他们，每个人都看不惯他们，看不惯他们的分数、看不惯他们的恐惧、看不惯他们的问题行为、看不惯他们的白日梦，如同陷入泥沼，无法脱身。应对这种情况的有效方法是在家庭内部建立"统一立场"。也就是说，与其让孩子觉得你站在他们的对立面，看不惯他们的种种行为，不如让孩子感觉到你实际上是和他们并肩作战，共同对抗这些问题行为。**"不管是分数低，还是害怕，我们都会与你一起战胜这些困难。"**

这样做意味着什么？从表面上看，我们好像什么都没做；但实际上，这种做法的效果非常显著，孩子们能感觉到，并积极响应。当孩子不再防御，而是选择与你站在一起共同对抗自己的问题行为时，解决问题就会变得容易很多，至少孩子的问题行为能减轻不少。

请记住，孩子的自尊比他们的数学成绩更重要

我们在应对有困难的孩子时，需要问问自己，对于我们来说，孩子哪些方面最重要？因为数学成绩差就让孩子认为自己懒惰和愚蠢，是否值得？因为房间不整洁就让孩子认为自己凌乱不堪、邋里邋遢，是否值得？肯定不值得。这并不意味着我们就要接受孩子数学成绩差或房间不整洁，但我们不能设置孩子无法达到的目标，不能伤害他们的自尊。每个孩子都想变好，所有的孩子都希望父母为他们感到骄傲，希望父母对自己的行为感到满意。维护他们的自尊比完成其他任务或成就重要得多。

鼓励孩子参加擅长的活动

回顾上一节内容，我说过为了培养孩子的积极自我形象，我们需要特别关注他们的长处和优秀的品质与才华。我们必须滋养孩子，为他们赋能，让他们站在舞台中央。请记住，积极的自我形象和自我价值为孩子提供了面对困难

所需的情感补剂。此外，与仅仅专注于需要治疗的问题相比，放大他们的才能和优势是一个更为轻松、简单且令人愉快的过程。这样可以产生重要且积极的影响。

反省你的期望是否符合实际

最后，我们还需要反省自己。因为有时候问题与孩子自身无关，而与我们对他们抱有过高的期望有关。很多家长似乎相信"别人家的孩子"做任何事都如教科书一般循规蹈矩：具有责任感、自觉学习、有礼貌、守时、干净整洁勤收拾。其实，事实并非如此。因此，在我们失去理智之前，在我们对孩子的众多不良行为感到愤怒之前，应该问问自己：他们这个年龄的所有孩子都独自做家庭作业吗？他们这个年龄的孩子都能独立阅读吗？我们自己在学生时代都是一心一意的吗？所以，也许我们的期望有点过高，也许一切其实都刚刚好。

结语

所有的孩子都想做个好孩子，都想达到父母的期望，都希望在家庭和学校里表现出色。如果孩子在这些方面有困难，找到问题根源很重要。孩子的困难可以从情感层面、行为层面和社交层面以及生理层面来分析。我们必须进行区分，以便我们能够为孩子提供针对性的解决办法。

如果孩子遇到某种困难，我们和老师一定不要给他们贴上"问题儿童/少年"这样的负面标签，这点至关重要。我们要将孩子和他们所遭受的困难"分开"看待，帮助他们有效解决困难，做个"好孩子"。同时，当我们的孩子遇到严重问题时，我们的首要任务就是发现他们的优点并进行放大，这与解决孩子的问题一样重要。

16

界限与权威：让亲子关系处于正确的位置

> 到底能不能惩罚孩子？我们能揍孩子屁股吗？（不能！绝对不能！）如果他们的行为太过分了呢？这一切为何与国家边界相关？为何又与三角形相关？

设定界限和父母权威一直是教育界争论的焦点，让父母和心理治疗专家陷入两难困境。有些父母认为这些问题是育儿方面的重中之重，但也有些父母认为自己的孩子不需要父母设立界限和父母权威，也能很好地成长。这种情况真的存在吗？我们真的可以不去花心思设定界限吗？

为了回答这些问题，我们先想一想国家边界。想象一个面临生存风险的国家，正在为保护自己的边界而战，已经将国家的主要资源都投入边界防护。这个国家是否能够继续生存的核心问题就在于边界防守。然而，当一个国家的边界完整、稳定时，这个国家就可以把资源重新分配到其他领域，如经济、教育、文化、人力等，即便是强大的国家也不能对边界安全掉以轻心。

那么，你们家庭内部的"边界"防守情况如何？设定界限的范围在哪里？你给予孩子的自由度有多少？我将在这一节围绕以下三种家庭情况来探讨如何维护父母边界：每天都在发生"边界之战"的家庭、"边界"稳固的家庭以及"边界"岌岌可危的家庭。

爸爸！我们的角色颠倒了！

你有没有遇到过父母叫孩子"爸爸"的情况？就算这话是开玩笑或表示亲昵，称呼小孩子"爸爸"是不是也有点奇怪？这个表达是否可以说明我们和孩子之间的关系？

答案是，并不能。孩子的社会地位在最近一个时期中发生了巨大变化。一个世纪前，孩子还被认为是发育不全的生物，处于家庭内部的最底层；而仅在过去的十几年里，这个金字塔已经完全颠倒了，孩子们站在了社会和家庭地位的顶层（参见第 31 节的相关内容）。这个转变似乎发展得过于剧烈和激进。孩子的社会地位和父母观念的变化，使我们面临角色转换的潜在风险。孩子变得重要（有时过于重要），就像"客户"一样"永远都是对的"，这时父母就变成了"服务提供者"。在这些情况下，父母可以决定*"如果孩子没有找到理想的老师，我们可以让他转学"*。还有父母为了能够"完美"地满足孩子的所有需求（无论孩子年龄大小），选择放弃自己的事业和个人发展。

这样孩子累，父母也累。孩子的童年时期固然重要，但我们不能把孩子当作我们的"客户"。我们必须明白，孩子不需要"客户"这一角色，反而可能因此误入歧途。孩子需要一个坚强而稳定的成年人，一个可以依靠和仰慕的对象。孩子也需要界限，需要知道什么是允许的，什么是违反规则的，我们对他们的期望是什么，以及远远超出这些界限的东西。只有我们设定了界限，他们才能自由自在地做自己。即使有时会"越界"，也并没关系，因为这是学习不可分割的一部分。

父母和三角形

假设你的孩子有两位父母（无论你们住在一起还是分开），想象你们是一个三角结构。如图一所示：

图一

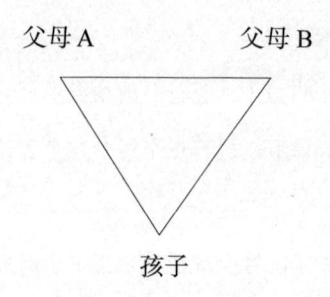

父母A　　父母B

孩子

　　这意味着所有年龄段的孩子都受益于拥有两个权威且负责任的成年人，他们一起关心孩子的教育和幸福，即使离婚了，另一方也有抚养孩子的责任。虽然单亲家庭也可以养育出快乐、健康的孩子（参见第 28 节的相关内容），但如果孩子拥有两位父母，那么你们必须同时站在三角形的顶端。
　　站在三角形的任何其他位置——都会产生问题：

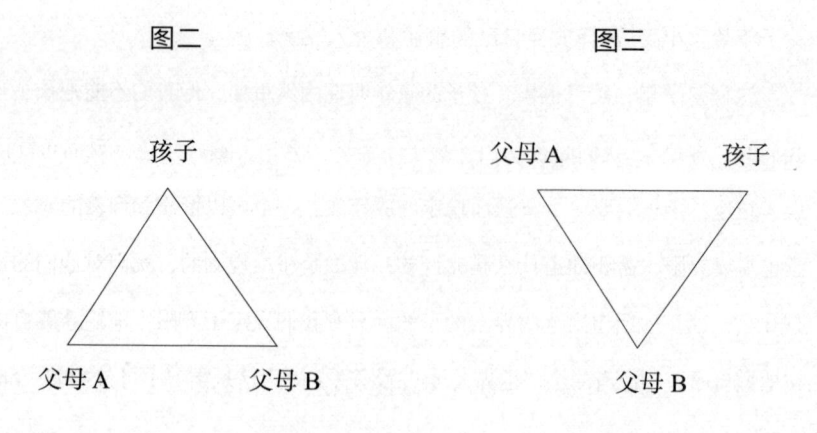

图二　　　　　　　　　　　图三

孩子　　　　　　　　父母A　　孩子

父母A　父母B　　　　　　　父母B

　　如果父母对孩子百依百顺（更不用说"服务"），孩子也是不开心的。这种情况下，孩子拥有过多权力，会导致焦虑或自恋，好像周围世界都受他们支配。这样并不利于孩子应对未来的生活挑战。与父母一方形成"联盟"，合力反对另一方父母，孩子同样无法从中受益（图三）。比如：孩子和母亲睡在床上，把父亲推到客厅沙发上；或者孩子觉得好像可以让父亲站在他们一边，一起"反对"母亲，（"妈妈，爸爸和我决定要养一只狗！"）这些情况会让孩子在成长过程中对自己的角色感到困惑。他们获得了过多不必要的权力，最终会影响他们的成长。

不采用三角形结构同样会产生问题：

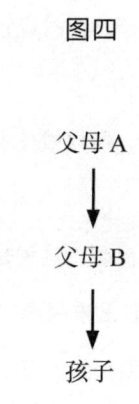

图四

父母 A
↓
父母 B
↓
孩子

如果孩子知道父亲总是听从母亲的决定，或者与此相反（图四），那么父亲在孩子眼里就丧失了威信。父母双方应该共同参与孩子教育问题的讨论，一起商量。这并不意味着双方必须在养育孩子的各个方面都达成一致。这样的目标不仅不切实际，也不是我们想要的。共同养育可以让孩子知道他有两个比自己强大的父母，能够共同保护自己，这才是养育孩子最好的起点。

由父母掌舵的家庭三角结构最为稳固，不仅不会降低孩子在家庭中的重要性，而且能让他们在安全稳定的环境中成长和发展。与边界稳固的国家类似，在有明确且固定边界的家庭中成长的孩子更有能力处理其他事务，比如自由成长、学习、社交、创造性思考等。因为只有生活在界限清晰且稳定的安全环境中，孩子才能尽情玩耍、梦想、创造和体验真正的快乐。

四种养育方式

很多家长会问自己:"我们想成为怎样的父母?随和的?果断的?也许是那种平等看待事物的人?"

美国学者戴安娜·鲍姆林德(Diana Baumrind)结合两种维度,提出了四种不同类型的育儿方式。第一种是情感温暖维度,包括父母对孩子的接受和支持程度;第二种是权威维度,包括秩序和边界问题。请看图表:

个性温暖、愿意支持和接纳孩子,同时设定了明确界限和规则,这种是权威型育儿。

对孩子表现出温暖和接纳态度,但权威性不高,没有坚持界限和原则,这种是放任型育儿。

高度坚持界限,但情感上不够温暖,这种是专制型育儿(不要将其与权威型育儿相混淆)。专制型父母是指非常重视遵守规则,却没有过多关注孩子的意愿,也没有为他们提供情感上的温暖的类型。

最后一种是边界不清晰,也没有表现出太多温暖的父母,这种是冷淡型或忽视型育儿。

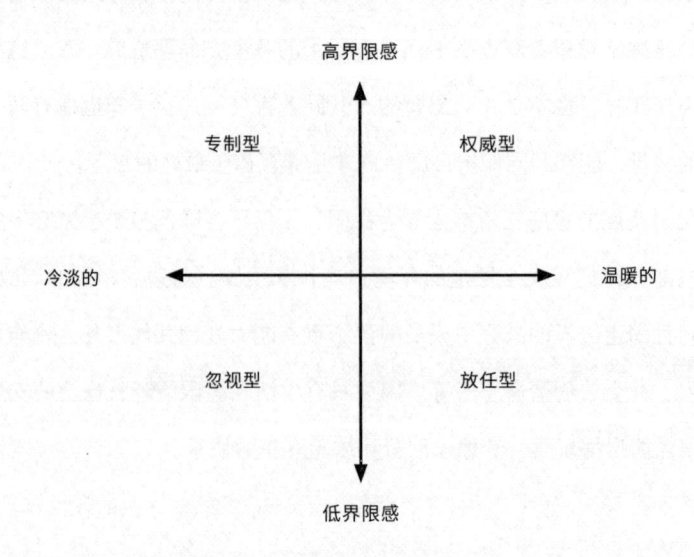

	高界限感	
专制型		权威型
冷淡的		温暖的
忽视型		放任型
	低界限感	

很多研究已经证实了这四种养育方式的存在。不过有意思的是，心理学研究始终如一地揭示了权威型养育方式优于其他育儿方式。大量研究论文和临床经验证明，父母若能够将设立清晰界限与提供情感温暖，以及满足孩子需求相结合，将有助于孩子情感的良性发展。与其他几种育儿风格培养出的孩子相比，这些孩子往往更快乐，具有更高的同理心，有更好的社交互动，甚至在学校中表现更好。因此，权威型育儿集合了所有优势。

我们同样需要注意，设定界限、保持秩序并不意味着不能给孩子提供温暖和爱，以及满足他们的需求——这两者处于不同层面。因此，将这两者结合起来具有可行性：为孩子设定明确的界限，同时仍然提供情感上的支持，满足他们的需求。

"回你的房间！罚你一周不能使用电子产品！"——如何惩罚孩子？

我们向孩子提起"越界"时必然会提到他们"越界"的次数。有时候孩子确实做得太过分。比如，有些事他们明知道不该做，但还是去做了；他们说谎还顶嘴，把我们气到失去理智。但我们知道，不能打孩子。因此，我们拿出了唯一的武器——惩罚。"回你的房间！""这周不准出去玩！"或者"从今天开始，一周内不能使用手机和电脑！"

我们这样做对吗？

与绝对禁止的体罚不同，惩罚更为复杂，我们需要深入思考这一问题。

首先，我们必须问自己：惩罚是有效的教育方式吗？惩罚是否能确保孩子吸取教训，而且不再犯同样的错误？令人惊讶的是，大多数情况下，答案是否定的。显然，通过正向强化，孩子们学习得更快：表扬他们，说温暖的话，而不是惩罚。为了理解这一点，请设想你在公司的场景。假设老板因为你犯的每一个错误都责备你；再进一步假设，你每次犯错后，都会被减薪。这些惩罚措施会让你不再犯错吗？不一定。这样的做法只会制造焦虑和紧张气氛，此外，焦虑会损害我们的学习能力，以及我们从错误中吸取重要教训的能力。

其次，我们也得问问自己，这个孩子是谁？他们真的"需要"受到惩罚吗？我相信，那些没有受到过任何惩罚的孩子，也能成长为一个健康成熟的成年人。以道路交通规则为例，正如有些司机可以一辈子不被警察拦下，也不会因为超速驾驶而被罚款一样，有些孩子也可以从来不受惩罚。这些孩子一般都在边界清晰的家庭中长大，如同"新手司机"非常清楚限速规则和"禁止进入"的范围。此外，这些孩子通常也具有良好的调节能力。他们可以理解我们对他们的期望，遵守规则。不过这并不意味着孩子总是按照父母的吩咐去做。这些孩子如果"越界"了，我们只需要责备几句，根本不需要惩罚他们。如果我们回到道路交通规则的比喻，孩子就像新手司机，我们只要对他们发出警告就足够，不需要罚款或吊销执照。

但并不是所有的孩子都可以做到这样。有时，我们真的别无选择。警察发现司机酒后超速驾驶时，必须"将司机带离道路"。同样，如果孩子在收到无数警告之后，还故意犯下严重的错误，我们就真的别无选择，只能惩罚他们。但这时我们必须明智地选择惩罚方式。

这里可以介绍一些原则帮助你解决这一问题：

惩罚必须跟犯错行为相关。如果孩子暴力地抢走了弟弟妹妹的遥控器，那我们可以在事后一段时间内禁止孩子看电视；但如果禁止他第二天去朋友家或参加课外活动，这就没有道理了。

这里我再提出一个原则：惩罚的期限要短。如果孩子觉得父母长期生他们的气，觉得受到的惩罚"永无止境"，他们就会失去修正行为的动力，回到自暴自弃的状态。如果你一个礼拜都在对犯了错的孩子絮叨着**"不准看手机和电脑"**或**"今年我们不会庆祝你的生日"**，孩子会觉得父母已经生气了，在惩罚自己，那么自己干脆破罐子破摔，反正也没有什么可失去的。对孩子施行这种看似永无止境的惩罚，而不是修正孩子的问题行为，实际上会让结果更糟。

将孩子犯错视为传递重要价值观的机会。如果孩子激怒了你或让你极度失望（比如他们对你撒谎，或未经许可从你的钱包里拿钱），在惩罚他们的同时，不妨将孩子的犯错行为视为重要的教育机会，借此传递正确的价值观。例如，告诉孩子说实话和建立信任的重要性。让孩子从中得到教训，获益终生。

此外，在惩罚孩子时（如果你认为惩罚是必要的），给予机会让他们为自己的错误行为道歉。原谅他们，允许他们"重新开始"（参见第 7 节内容）。如果我们对孩子的错误"怀恨在心"，孩子就无法摆脱负面循环，这样会妨碍他们改正错误行为。

最后，你要确保自己的惩罚不会过度伤害孩子。请记住，你的目的不是"战胜"或"击败"孩子，而是教育和引导他们。所以，如果你的女儿是一个非常爱社交的人，那就不要让她远离她重要的社交关系，因为那些社交人脉是她的资产。当她说谎或举止粗鲁，或做了越界的事情时，你需要选择一种能够让她认清自己错误的惩罚方式，但不能伤害她的自尊。

为了教育而体罚孩子 —— 法律是如何规定的？

正如我之前所说，在过去的几十年里，养育子女的方式发生了巨大的变化，三十年前所推崇的养育方式与今天流行的概念已经大相径庭。一个明显的例子就是父母（和法律）是否将打孩子看作"教育"和管教方式。

"不忍用杖打儿子的，是恨恶他。"这句话出自所罗门王的《旧约·箴言篇》。这句谚语的意思是（至少从字面上看），不用棍棒教育孩子就无法履行父母职责，这样最终会伤害他们的孩子，这是真的吗？

不幸的是，今天的许多父母都是在这种观念中成长起来的，认为有时必须打孩子才能正确地教育他们。这个概念后来也被一些开明的家庭所接受。幸运的是，情况已经发生了变化。如今社会已经形成了一个共识：不管以教育的名义还是任何其他原因，都不允许以任何方式对儿童进行身体伤害。因此，父母或专业人士都无须对此产生怀疑，因为法律已经明确规定禁止以任何体罚方式伤害孩子。

以下是以色列关于儿童体罚的法规：

将体罚或者贬低孩子作为教育手段，无论如何都是错误的。这是传统封建社会教育观念的糟粕。即使父母坚信体罚是履行教育职责的手段和权力，也需要记住：孩子不是父母的私有财产，不是父母可以随心所欲使用的出气筒。孩子需要依赖父母，需要父母的爱、保护和柔软温暖的手。体罚行为只会给孩子造成身心上的痛苦和羞辱，对他们的个性成长和教育百害而无一利，这背离了共建无暴力社会的愿景。我们应该意识到，父母对孩子施行的任何体罚，或以教育的名义贬低和羞辱孩子的行为，在当今社会都是被完全禁止的。

——摘自以色列法官海姆·科恩（Haim Cohen）于 2000 年撰写的一篇文章

我要指出的是，虽然上述观点有时会与某些文化规范相矛盾，但底线仍然无法撼动——无论你持有怎样的个人观点，都不能打孩子。

结语

父母设定适度的界限和权威，有利于孩子形成健康心理，让孩子的生活充满创造力和乐趣。不管他们年纪多大，都需要可以让他们仰望的，比自己强大的父母。为此，我们必须摒弃和孩子之间的"角色转换"，不要让孩子成为我们服务的"客户"。

有时孩子越界太过分,我们只能惩罚他们。但必须以巧妙的方式,同时对孩子仍然保持尊重,明确教育和引导孩子的最终目标,永远不能伤害他们。最后,任何对儿童的体罚手段都是完全禁止的。

第二部分

享受其中

以父母为中心

在这本书的第一部分，我们踏上了育儿之旅，设定了育儿目标。我们确定了日后要在孩子身上培养这些品质：爱、安全感、积极的自我形象、内在动力、稳定的自我意识、有意义的价值观。在当今社会，做到这些并不难。不过，我们也生活在这个社会当中！我们能做到这些吗？我们难道不应该进行一些反省，以自己为中心思考吗？

本书的第二部分与身为父母的我们有关。我们现在要讨论的主题是我们，而不再是孩子。可是，究竟谁是中心？是作为父母的我们、作为一个人的我们，还是作为曾经的孩子的我们？这些身份可以分离吗？

飞机上的乘客安全预防措施规定，为了最大限度地保护孩子，我们必须首先将氧气面罩贴在脸上。只有我们能畅快地大口呼吸时，才能帮助孩子，育儿也同样如此。为了成为更好的父母，我们需要审视自己，投资自己，这样我们也能对自己感觉良好。第19节至第20节的内容灵感源于以下这句话：好父母是对自己感觉良好的父母。首先我们应该想一想，为什么育儿如此具有挑战性。然后，我们再来探究育儿与幸福之间的种种联系（答案非常复杂多样）。在第19节和第20节中，我将针对以下问题给出也许会让你难以置信的答案：为人父母的生活，究竟如何才能更快乐？对于这个问题，每个人都有自己的看法。它们关乎我们训练自己充分关注和享受"此时此地"的能力，也关乎我们以更友好的态度对待自己（正念和自我关怀）。

在后面的章节中，我们将本着这句话的精神拓宽视野："举全村之力，才能养育一个孩子。"其中一节讲的是父亲在育儿过程中的参与；另一节是我们与伴侣之间的浪漫关系与为人父母之间的联系（如果你已离异，请阅读第 27 节）；此外，我还将阐明我们与幼儿园和学校系统之间的联系。

在第二部分的最后几节（第 24 节和第 25 节）中，我们将会找寻自己内心的孩子，回溯自己被抚养长大的养育方式。我们将看到这些过程如何影响我们成长为今天的自己，以及如何塑造和影响着我们如今的育儿方式，这种观点也许对我们的育儿有所帮助。

其中一些话题也许沉重而复杂，但都是事实。我们要提醒自己，为人父母是我们生活中最奇妙、最有意义的任务之一，我们应该享受这一过程。

准备好了吗？我们继续上路！

17

育儿挑战：育儿为何如此复杂？

> 下决心要孩子是一个重大决定，意味着你从此以后将一直过着提心吊胆的生活。
>
> —— 伊丽莎白·斯通（Elizabeth Stone）

育儿与你有多大关系？你是否思考过这个问题？你是否反省过自己的育儿方式？你是怎样的父母？哪些事情你做得很好，哪些事情可以采取不同方式？你和自己的父母有哪些不同？你能够在多大程度上适应孩子的需求？

如果这些问题是多项选择，我们都会选择以下答案："是的，养育子女与我们关系密切"，或者"育儿在很大程度上与我们相关"。

你不能想当然地给出这些答案。孩子出生后，我们就成了父母，要养育子女，这似乎是一个自然而然的事情。然而，在过去的几年里，养育子女已越来越成为一个极具挑战性的任务，需要我们付出极大的精力。如果你问自己的父母，你很可能会发现他们不像你那样专注于养育孩子，而且他们也根本就不知道身为父母的"内疚感"（可以在本节和第30节中阅读相关内容）。

在本节中，我们将探讨育儿为何如此耗费精力。我们是否用力过猛？怎样可以减轻一点负担呢？

不可逆的角色

我们在生活中扮演着不同角色，在伴侣面前、朋友面前和工作场合中，我们的角色都不尽相同。但是，与这些方面都有所不同的是，育儿是唯一的单向且不可逆的角色。我们可以换工作、与伴侣分手、断绝社会关系，然后再在多年后重新建立关系。但从我们的孩子来到这个世界的那一刻起，我们是"父母"的这个角色便无法改变。我们永远是孩子的父母。

第一次经历这种角色的转变时，我们对自己即将承担的重任手足无措，即使怀胎十月也难以做好充分准备。没有孩子之前，我们还是独立的、无忧无虑的成年人，（*"孩子出生之前，我们的烦恼是什么？"*）有了孩子后，我们成了连轴转的宝爸宝妈。给孩子喂饭，帮助孩子洗漱，哄孩子睡觉，给孩子换尿布，还要陪孩子玩耍、教育孩子、设定界限……我们要承担无数的新角色，而且每个角色的要求都很高，这些角色一承担就是一辈子。

育儿没有暂停键，没有失效期

这是一个不可逆的过程，一旦你成为父母，就无法卸下育儿的责任。诚然，我们可以在遥远的国度享受浪漫的二人假期，或者沉浸在非常重要的工作会议中，然而一旦接到孩子幼儿园或学校的电话，我们的父母模式又马上启动了（*"发生了什么？没出事吧？"*）从孩子出生的那一刻起，我们的父母角色就没有暂停过。

为人父母的"终点线"在哪里？"终点线"存在吗？有些父母期盼着孩子快点成年，好像随着孩子达到法定成年年龄，我们的养育任务就结束了。真是这样吗？生活中很多人已达而立之年但还未找到自己的职业发展路径，还有人离异后再次寻找新恋情，你不妨问问这些人的父母，他们的育儿任务结束了吗？就算孩子已经成年，育儿始终是我们最关心的问题。此外，我们在育儿的过程中常常"看到"曾经也是孩子的自己，或者想起我们父母年轻时的行为模式，从而让我们重新审视与父母的关系。有时，这些回忆是美妙的，让我们心怀温暖，不过情况并非总是如此（参见第 24 节和第 25 节中相关内容）。

随你怎么说 —— 别告诉我，我是个坏妈妈！

为人父母是一个极度敏感的角色。生活中我们无惧朋友、老板、客户和合作伙伴的批评，但是一旦涉及自己的育儿方式，我们就会倍感冒犯。为何如此？

从小到大，我们都在一层一层地建构自我。第一层"自我"是我们的基本自我认同，在青春期结束时开始形成；我们在这一阶段对"我们是谁"、自己的独特品质和擅长之处等问题有了更深的了解。此外，我们还会形成以职业为基础的自我，以及以恋情为基础的自我，等等。正是这一层一层的"自我"，才形成了如今的我们。那么，什么是为人父母的自我？这一层自我通常在我们成为父母后形成，被认为是一个人心中最敏感的部分。为什么养育子女的问题如此敏感，答案不得而知。也许是因为我们有时将孩子视为自己的延伸，或者把他们当作我们的"名片"。

不管出自何种原因，我们都要做一位好父母。然而当孩子令我们失望时，或者周围的人批评我们的做法或孩子时，我们可能会特别伤心。父母需要时刻提醒自己，孩子不是我们的"名片"，这样一切都会简单得多。孩子是美好的馈赠，（虽然有时也很烦人）他们是我们的，（但首先孩子属于他们自己）他们和我们都不必追求极致完美。成为一个"足够好"的父母已经令人艳羡，因为本来就不存在完美的父母。（而且孩子也并不需要这样的父母。）

为人父母不是生活的一切！

为人父母非常不易，我们对此赋予了特别多的意义，甚至会觉得自己应该为孩子每次的错误行为负责。（*比如孩子在超市里发脾气，或者从当地的售货亭偷了一包香烟。*）当孩子行为不端时，我们立即将指责的目光转向他们的父母。（"这

是谁家的孩子？""不负责任的父母！"）孩子犯了错，我们往往会责怪自己。父母的确对孩子有很大影响（毕竟这就是这本书的内容），但同样重要的是，养育子女并不是生活的一切。孩子的行为受到很多因素的影响，例如基因（有些孩子更爱冒险，有些孩子更内向），而且孩子年龄越大，他们接触到的外部刺激和有意义的社交活动就越多（*"我的朋友都已经在喝酒了"*）。所以，孩子出现的问题并不完全与我们的育儿方式有关。然而，作为父母，我们无法逃避承担责任，必须解决与孩子相关的各种复杂问题。毕竟，我们是他们的父母。

孩子，你快乐吗？

很多父母觉得自己对孩子的幸福负有直接责任。我们辛苦加班工作是想为孩子提供良好的教育环境，发挥他们的潜力，结交良师益友，当然最重要的还是希望他们快乐。本着这些希冀，我们把孩子送到各种课外班，让孩子在各种心理学理论、饮食计划还有我们的期待中疲于奔命。

这种病态现象与我们生活的时代有直接关系。我在前一节说过，几十年之前，儿童并不具有社会价值。长久以来儿童一直被视为廉价劳动力，他们的主要任务就是给成年人帮忙，不管是在田间地头、工厂还是家里。幸运的是，这种状况在过去几十年里发生了巨大变化，这主要得益于弗洛伊德（Sigmund Freud）提出的革命性思想。弗洛伊德让全世界知道了童年时期对于一个人成长的重要性。由于弗洛伊德的心理学理论和当时越来越多的相关研究，整个世界都开始意识到儿童是地位重要的小人儿（参见第 30 节中相关内容）。

这些发现对于今天来说相当重要，我们不仅要重视这些研究结果，更需要感激前人的努力。我们养育孩子是因为我们明白孩子需要被呵护和关爱，这是一件多么美好的事情。然而，我们把孩子放在中心地位的程度似乎有点过度了。也就是说，很多家长为了让孩子快乐成长，其实一直处在焦虑和压力中。这种心态是不可持续的，不利于孩子的成长，也无益于我们的育儿体验。**我们是否**

可以适当放松心态？真的有人可以真正地为他人的幸福负责吗？

从前，有一座村庄

我们还应该补充一个事实，即在西方现代社会中，我们在相对隐蔽的环境里抚养孩子，这使育儿过程变得复杂，导致压力更大。过去，每当婴儿出生，村里所有的女性——奶奶、外婆、阿姨、姐姐——都会帮助抚养他们。不过男性并不参与育儿，因为"必须有人养家糊口"。然而这种情况在过去几十年里发生了翻天覆地的变化。在我们当前的文化中，孩子们在公寓或楼房中长大，周围也都是相对较小的核心家庭。照顾孩子的责任完全落在我们这些父母身上，尽管我们大多数人在生第一个孩子之前从未照顾过婴儿。（**"我真希望他们是带着说明书出生的……"**）这些变化也带来了重要且积极的转变，比如越来越多的女性投入工作和事业中，越来越多的男性参与到育儿过程中，然而我们作为父母所经历的孤独感却一直在消耗我们的幸福。

我们如何面对这些复杂的情形？

首先深呼吸，善待自己，关怀自己。每个人都经历过抚养孩子的水深火热，每个人都知道其中的复杂与艰辛，我们并不是第一个。随着孩子长大，育儿会逐渐轻松（希望如此）。学会接受帮助也很重要：如果我们知道如何获得他人帮助，会更容易成为好父母。另一方面，我们要照顾好自己，找到除父母之外的其他身份也很重要。（我们与另一半的关系、职业生活、友情、运动、音乐、爱好；**我们曾经拥有过丰富多彩的生活。**）总之，要记住，虽然为人父母很重要，但并不是一切。

结语

"不可逆转""不间断""没有保质期"，最敏感的角色，肩负着无数的责任，而且也是一个容易带来负罪感和自责感的角色……难怪养育被认为比任何事情都复杂。认识到这一点很重要，我们可以采取一些措施来减轻负担；甚至仅是认识到这一点，就已经能够缓解很多压力。

18

为人父母与幸福：如何让育儿变得快乐？

孩子是让人快乐的——似乎这是个不争的事实。

然而相关的心理学研究结果令人相当震惊。一系列研究表明：

人们一旦成为父母，幸福感就会减弱。

与有孩子的伴侣相比，没有孩子的伴侣生活更幸福。

为人父母可能会导致伴侣关系越发紧张，伴侣生活也不尽人意。

那么，这到底是怎么回事？难道"孩子是让人快乐的"这个说法不对吗？

多年研究表明，育儿和幸福之间存在反向联系。当今的研究主要是探寻影响育儿和幸福感之间的实际因素。也就是说，在哪些情况下我们会感到幸福，以及哪些因素会破坏我们的满足感和幸福感，我们一起来寻找答案。

我们有多爱照顾孩子

2004年，以色列裔美国心理学家、诺贝尔经济学奖获得者丹尼尔·卡内曼

(Daniel Kahneman)在著名期刊《科学》上发表了一篇重要论文。卡内曼研究出一种简单而巧妙的调查方法：他向每位参与研究的女性发了一个传呼机，要求她们始终随身携带。只要传呼机响起，这些女性就要记录下当时正在做什么、经历何种感受。

来自美国得克萨斯州的 909 名职业女性参与了这项研究。试验开始后没过几天，这些女性的清单已经累积了多达 19 项内容，记录了她们一天中所做的事情：购物、给朋友打电话、在公司与上司沟通、与客户交流、性爱、做饭等。当然，这份清单中也包括了照顾孩子。你能猜到这些女性在照顾孩子的过程中能获得多少快乐吗？

答案令人难以置信，研究表明，将这份清单中的事项按照女性从中获得的幸福感排序，照顾孩子排在第十六位，十九项事情中排第十六位！午睡、打扫房子、购物，几乎所有事情的排序都先于照顾孩子。这怎么可能呢？

这个发现在专业人士中引起轩然大波，直至今天仍然有很多人在引用这一结果，进行深入探索。在本节中，我将借助这项研究来了解养育子女和幸福之间的相互联系。

女性从不同活动中获得的愉悦程度排序：

性爱

休息

社交

健身

看电视

祈祷或冥想

与好友相聚

独处
做饭
购物
做家务
上网或看邮件
与伴侣相处
与家人相处
工作出差
照顾孩子
与客户交流
与同事交流
与老板交流

引 自：Kahneman, D., Kreuger, A. B., & Schkade, D. A.（2004）. A survey method for characterizing daily life experience: The day reconstruction method. Science, 306.

保证适当的睡眠时长

卡内曼的研究反映了每位过度疲劳的父母都深知的道理：睡眠对于伴侣生活的幸福感至关重要。道理虽然简单，其重要性却不可忽视。与睡眠时间不超过 6 小时的女性相比，每晚享受 7 小时以上无干扰睡眠时间的女性从养育子女中获得的愉悦感明显更高。卡内曼指出，这个差异比年收入 3 万美元的女性与年收入 9 万美元的女性之间的差异更显著。（也就是说，每晚多睡一小时可以拥有 6 万美元的价值。）

毫无疑问，疲劳会导致倦怠，极大地影响我们的幸福感，以及我们的育儿体验。换句话说，要成为好父母，要为孩子付出更多，那么我们最基本的需求必须得到满足。当你筋疲力尽或极度饥饿时，很难成为一个快乐自足的母亲。

"时间都去哪儿了？"：心流与育儿

如果我问你，生活中的哪些时刻让你感到极大的幸福，你的答案是什么？

匈牙利籍心理学家米哈里·契克森米哈赖（Mihaly Csikszentmihalyi）终其一生来回答这一问题。他对来自不同文化、种族和年龄的人进行了大量采访，只为探索什么能给人们带来巨大的快乐。有一个概念在整个采访中不断重复：当人们在沉浸在一项活动中，会感觉很快乐，好像周围一切都不存在了。契克森米哈赖称之为心流。心流是指人们沉浸于某项活动中，达到忘我的程度，由内在动机指导行动力，并与所进行的活动融为一体，感觉不到时光的流逝。有趣的是，当手头任务的难度与我们完成该任务的内在能力之间达到良好平衡时，往往会产生心流。可以这样理解：简单的任务往往让我们感到无趣，而太难的任务则让我们感到焦虑。如果我们面临一个极具挑战性的复杂任务，而且自身有能力完成，这时我们最有可能感受到心流。当我们沉浸在艺术作品、演奏音乐、制作东西，或专注于我们喜欢的工作中时，就可能会出现心流。

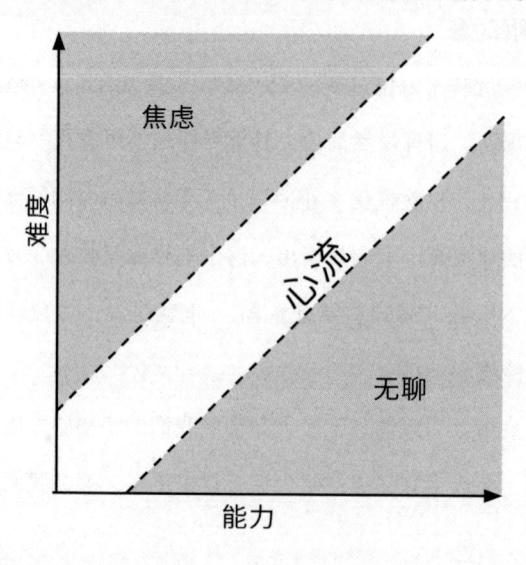

这与育儿有何联系？

契克森米哈赖认为，抚养孩子很少会产生心流。儿童往往使我们产生对抗性。**她想在晚餐前吃巧克力；他想去朋友那里，但我们都很忙；他们成天看手机、看电脑；他把我们上个月刚给他买的价值不菲的篮球鞋给弄丢了。**（"你不懂钱的价值！"）在以上所有场景中，我们是无法获得心流的。因此，大多数情况下，育儿和心流无法同时存在，我们为什么要明白这一点？

首先，为了让我们对自己更宽容。在这个社交媒体如此盛行的时代，似乎其他人总是很快乐：每个人都在外面玩得很开心，每个人都在微笑，大家的全家福照片都很完美。然而，现实生活却并非如此。我们争吵、忧虑、烦恼，我们无数次要求孩子打扫自己的房间，要求他们复习功课，在孩子深夜出去玩时等待他们回家。所有的这一切都令人筋疲力尽。在这些情况下，不可能产生心流。

其次，珍惜美好的时刻。我们和女儿进行了一次深刻的谈话；我们和儿子一起搭建乐高飞船，自己也像个孩子一样；我们和孩子在海边跑步；一次家庭旅行……在某个时刻，每个人都很快乐。这些美好的时刻值得我们留意和珍惜，而且值得复制。

定义幸福

如果你不知道什么是幸福，就无法将育儿和幸福联系起来。最近几年一个流行的心理学发展分支"积极心理学"对这个问题给出了一个有趣的答案。大多数人将幸福与乐趣、愉悦联系在一起。然而，今天，我们知道快乐是幸福感的组成部分，但也只是一个很小的部分而已。似乎幸福主要源于一种目标感，而不是纯粹的快乐。当我们觉得自己在做一些有意义、有价值的事情时，我们会更容易感到快乐。

而养育孩子，尤其是在孩子幼年时期，会影响我们日常的愉快体验。养育孩子会引起担心、疲惫、繁忙、争吵和经济负担等一系列负面情绪和压力，影响你的主动性，迫使你彻底改变生活的优先级。然而，我们当然知道，养育孩子可能是一个人一生中最有意义的事情。当然，其中也有让孩子"延续我们的血脉"这样的进化心理学因素。除此之外，迎来新生活、抚养他们、为他们的成长和教育承担责任、培养他们的价值观、看着他们成长为更好的人，还有什么能与这些相比拟的吗？

不后悔

那么，实际上会发生什么呢？有很多家长不敢承认自己在苦苦挣扎；有时他们实在无法忍受，希望能回到没有生孩子之前的自由状态。这种感觉常常会导致羞耻和内疚的积聚。另一方面，也有一些父母一直抱怨，他们经历的一切都太过艰难，养育孩子让他们精疲力竭。尽管如此，这两类父母还是不会放弃成为父母的经历。人们可能会后悔没有成为父母，或者没有再生一个孩子，但很少有父母会后悔生孩子。

身为父母，你感受如何？

所有的父母都在苦苦挣扎，但除了育儿的艰辛之外，这些经历是深刻而有意义的，这极大地增进了我们的幸福感。不过，尽管我们身为父母，也还是要让自己的生活好过一点。接下来我会介绍一些相关的原则与方法：

允许自己放松片刻

偶尔给自己放个假（不带孩子）；让保姆过来看护孩子，自己出去玩一晚上；在其他人都很忙的时候找个时间喝下午茶；请家人帮忙照看孩子。

不要忽视你自己以及你成为父母之前喜欢做的事

育儿如此费时耗神，我们甚至都忘记了自己的兴趣和爱好。只做"必要"

的事，会导致我们越来越疲惫，削弱我们的幸福感。为了克服这个问题，我们要找时间进行体育运动、与朋友聚会、去上课、参加研讨会、阅读、欣赏音乐、演奏乐器，或者任何能使你快乐的事情。所有能让你是"你"的事情。

请留意美好的时刻，并想办法复制

这种微妙的改变往往会产生巨大的影响。让孩子布置餐桌时，放一首他们特别喜欢的歌曲，你会看到家里的气氛瞬间发生了变化。当孩子们不再争吵，和好如初时，你可以表达欣慰之情。（"看到你们一起玩耍真是太好了！"）向孩子指出这一点，有助于孩子重建这样的美好时刻。

培养你和伴侣的关系

有了孩子后，你与伴侣的关系很容易受到影响，尤其是在孩子还小的时候。你并不是一个人，很多家庭都存在伴侣关系问题。当然，重要的还是要认识到其中的症结所在，找到解决办法，比如互相交谈、寻找分歧根源、包容对方、作为伴侣一起合作（而不是对抗）。与此同时，除了身为父母这个角色，你们还需要保持两人之间的浪漫关系，你们之间的浪漫关系是如今一切的起源。伴侣关系是建立家庭的基础，培养伴侣关系的重要性不言自明。（参见第 22 节）

与他人分享你的问题，不要把一切都藏在心里

从参与试验的得克萨斯州的 909 名女性中可以看出，我们并不是唯一觉得育儿困难的人。养育子女的过程中蕴含着无数琐碎的日常任务，有些任务并不令人愉快。但是你需要明白，困难是暂时的。另外，随着孩子们长大，很多事情也会随之变化。如果你仍然觉得负担太重，请不要独自沉溺在思绪中。与亲近的人分享你的压力或烦恼，不论是伴侣、密友、亲戚，还是专业心理咨询师。除了育儿的艰辛和令人厌烦的琐碎日常，你有权寻找和享受育儿带来的快乐。

结语

育儿是一项复杂的终生使命，其中隐藏着无数或大或小的任务。作为父母，你会时常感到倦怠，心理健康和幸福感也会受到影响。然而，从深层意义上说，为人父母创造了一种目标感和意义感，这是我们感受幸福的关键。我们必须设法在育儿的艰难和压力，与获得的快乐和目标中找到平衡。要想做到这一点，首先需要意识到这一问题，其次需要照顾好自己——保持合理的睡眠时间，规律饮食，留出时间享受自己的爱好和兴趣。若你正在经历十分艰难、令人窒息的时刻，请尝试从全局角度看待我们的养育方式，以及我们与孩子的关系，这样可以帮助我们更加享受育儿的快乐，克服其中的艰辛。

19

正念：将注意力转向当下

> *你的思想在哪里，你就在哪里；你要让思想带你去想去的地方。*
>
> ——拉比·纳赫曼（Rabbi Nachman）

你是否有过这样的经历：儿子走到你面前，想和你分享一些重要的事情，而当他讲述时，你突然意识到自己其实并没有认真听；抑或是这样：在和女儿玩耍时，你发现虽然自己表面上在和她玩耍，但实际上思绪已经飘离到了其他地方。（也许是刚刚收到的信息？）

育儿和生活一样，没有停顿。孩子需要我们不断关注，就像我们的工作、家务、人际关系、独处时间和其他事情一样。一直以来都是如此，但在过去几年里，随着科技的发展，长时间使用电子设备也在占据我们的注意力。有时，我们似乎不论在做什么，都无法专注其中。我们的注意力总是从一件事跳到另一件事，永远无法休息，令人筋疲力尽——这是导致我们倦怠，影响幸福感的一大原因。

在前面的几节中，我已经讨论了育儿的复杂性及其对我们个人幸福可能造成的潜在伤害。正念是减轻繁重生活和情感重压的方法之一。

接下来我将向大家解释什么是正念：

在本节中，我们将一起领略正念的魅力，了解与其相关的概念。正念会对你的幸福感、日常生活以及育儿过程产生积极的影响。如果你不明白这与自己有什么关系，我必须说明，不管是已经在练习正念的人，对正念好奇且跃跃欲试的人，还是那些从未听说过正念也不打算练习的人，这一节内容适合所有人。

什么是正念？

正念意味着我们将注意力转向当下发生的事情，一切都以一种开放、友好的方式进行。正念引导我们专注于此时此刻正在发生的事情：我们的思想、感觉和身体，为什么这很重要？

因为我们平时很少专注于当下。你在喝咖啡时，思绪是不是飘到了外太空？开车时，你的大脑是不是处于放空状态？研究表明，我们做事情时，大约有一半的时间都并不"在场"，这种不集中的思绪对幸福感会产生负面影响。

我们的思想之所以无休止地游荡，与我们大脑的特性直接相关。大脑擅长处理信息。我们的大脑可以评估和推断未来，让我们能够计划、担心、想象一切可能性，既包括那些可能发生的情况，也包括永远不会发生的情况。同时，大脑还可以让我们回忆过去，对事物进行思考、分析，产生不同情感。这种功能有很多优点：它使我们能够制订计划、在不同的和不断变化的环境中处理事务，拥有想象力、创造力和发明新事物的能力。不过这是有代价的。前面说过，研究表明，思绪分散和无法专注于当下会导致我们不快乐。

正念正好可以解决这一问题：

正念可以训练我们注意身体上发生的变化，让我们关注当下的想法。

正念帮助我们在刺激和反应之间创造一个"差距"，同样的"差距"让我们可以自由选择我们对不同事件的反应方式，而不是自动反应。

每年都有数百篇科学研究论文指出，练习正念可以对大脑功能产生积极影响。此外，研究还证明，练习正念有助于我们从各种医疗问题中恢复过来，促进心理健康，帮助治疗抑郁和焦虑，并有助于调节情绪，建立同理心和同情心。（参见下一节。）此外，最近有科学研究表明，正念对育儿也有促进作用，可以改善我们与孩子的关系，帮助孩子成长。

正念如何与育儿相关

　　正念训练教会我们关注当下身体和感受的变化。然而，即使没有不断地练习，正念的原则和见解也可以融入我们的父母生活，并极大地改善他们。

与孩子互动时需要全身心投入（即使是短暂的）

　　孩子渴望我们的关注，而我们很难给予充分且持续的关注。我们大部分时间都很忙，过度劳累、为各种事情担心忧虑，注意力总是不自觉地从一件事转移到另一件事。所以我们必须想办法全身心地专注于和孩子相处的每时每刻，（即使时间短暂）你所要做的只是认真倾听和陪伴他们。孩子从幼儿园或学校回来时，我们不妨用宝贵的几分钟，听他们说说今天发生了什么。然后，等待下一次与他们充分相处的机会。可能会是下次一起玩耍时，也可能是在晚上给他们读睡前故事时；或者可能发生在和你十几岁的女儿一起坐车时，她突然摘下耳机说：*"妈妈，我想跟你说……"* 这些时刻是无价的，其原因就在于你全身心投入其中；甚至你在叠衣服、遛狗时也能投入对孩子的陪伴中。（参见第 4 节）

　　研究表明，我们与孩子的融洽相处有助于培养孩子的（也包括我们自己的）情绪调节能力，建立同理心，更加了解自己和他人的感受。

全身心投入并不能保证这个过程是"有趣的"

　　练习正念的人对于自己的生活更为安之若素，懂得知足。但是我们不要误解，认真倾听孩子的言语以及全身心融入孩子的生活并不意味着这些过程都是美好和有趣的。

育儿常常使我们陷入负面情绪中,比如愤怒、暴躁、发脾气、沮丧、压力、冲突和失望等。我们如何应对这一连串的负面情绪?如果"为了在家里营造温馨的氛围,(假设)就像邻居家一样",竭尽全力与这些情绪对抗,那么我们肯定高兴不起来。所以,如果你的儿子放学回家,一脸愤懑不平的样子;如果你的女儿在一项重要的考试中没有及格,感到伤心和失望;如果你的孩子们又闹得不可开交,整个家庭笼罩在压抑的气氛中……那么,与其尝试对抗这些负面情绪,不如深吸一口气,坐下来和孩子一起交流,共同寻找问题的根源。如果我们能够接受愤怒、失望、悲伤等负面情绪,为这些情绪留出空间而不是对抗,那么我们的情绪就可以得到调节,不快乐也会随之消散。

以冲浪为例,海洋有时是平静的,有时却波涛汹涌。如果我们与海浪搏斗(相当于与不舒服或不愉快的感觉做斗争),可能会有溺水的危险。然而,如果我们学会在大海中冲浪,接受海浪的本来面目,而不是试图改变或消除它,那么没过一会儿,海浪就会过去。

请注意,这里并不是让我们忽略那些负面情绪或感受。相反,这些情绪引导我们去认真观察,找到与孩子并肩作战的方法,而不会深陷其中(**"他们为什么要这样对我?"**)或者**"失去它"**,也不会陷入我们自己的情绪风暴。(参考第7节关于情绪调节的内容。)风暴过去后,我们可以更冷静、更谨慎地审视事件,并思考:*发生了什么?为何会发生?也许这场风暴本可以被阻止?有更好的应对方式吗?*

思绪随风飘散

大多数情况下,情绪困扰的发生是由于我们倾向于"陷入"不同的想法和麻烦,一遍又一遍地思考它们。从心理学上讲,这种现象叫作"反刍",这意味着对已经思考过的信息进行无意义的重复思考。这种行为模式让我们陷入精神内耗。

当我们练习将注意力集中在当下时，会发现我们的思绪经常飘忽不定，就像天空的云一样转瞬即逝。如果我担心孩子，（**"他再也见不到他的朋友了……"**）我会意识到此时的我正在体验担忧的情绪。担忧并不能说明我是一位**"忧心忡忡的母亲"**，也不能说明我的孩子**"不合群"**。这些情绪就是在某一时刻突然产生。如果我们能够意识到这一点，那么其实只需要一会儿，这些情绪就会自动消散，为新的想法、感受和情绪腾出空间。

将注意力集中在有用的事情上，保持感恩之心

困难和问题是生活中不可分割的一部分，与其陷入"什么都做不成"的负面循环，不如将注意力扩展到生活的其他方面。（参见第 8 节。）这一点与育儿密切相关。虽然生活中总会出现麻烦的事情，让我们担忧，但是，如果我们能放下"什么都做不成"的消极想法，转变我们的视角，专注于积极的方面，我们的体验与感受就有可能发生改变，心情变得更加愉快和随和。

允许相互矛盾、各有不同的感觉共存

练习正念可以扩展我们的情感层面，让我们知道好的感受与不好的感受可以同时存在。不同的感觉不会相互抵消——它们都需要空间。比如说，你会因为和儿子间的感人对话而激动落泪，你会因为女儿的一件事而感到伤心难过，同时也会因为工作上的事而忧虑重重。能区分每种不同的感受，而且能为每种感受腾出空间，会极大地促进我们的情感福祉，即使这些感觉本身在某种程度上并不是"积极"的。

我曾看过一个有趣的动画视频《派对上的不速之客》(*The Unwelcome Party Guest*)。这个视频讲的是一位年轻人打算在家里举办一个派对。他对此十分兴奋。然而他惊讶地发现，随着朋友陆陆续续来到派对，他不喜欢且没有

邀请的邻居也来了。这个年轻人不顾一切地想要赶走这位邻居，但事实上，他越是厌恶这位邻居，自己就越痛苦，无法享受派对的乐趣。于是在某一刻，他决定允许这位举止粗鲁的邻居参加派对。这个决定改变了一切，虽然派对并非处处完美，也没有完全如他的计划那样进行，但他终于能沉浸在派对的欢声笑语中。

再回到刚才的问题，似乎我们如果能以积极的态度接受不想要的事物，就可以达到一种心态上的平衡，增进幸福感和满足感。

水坑还是湖泊：出现问题时我们保证镇定的能力

允许自己接受各类不同的情绪和感受，我们才能更好地调节情绪，即使遇到困难或产生消极情绪也能心平气和地面对。想象一下，把一块石头扔进水坑，会发生什么？石头落入水坑的那一刻，破坏了水面的平静，水花四溅。但如果把同样坚硬的石头扔进湖中呢？几乎都没有水花，对湖泊毫无影响。同样，当我们允许自己接受各种不同的情绪时，我们会变得更加平和、更有节制，不再因为事情出错而感到心态失衡。

在正在发生的事情和我们的反应之间制造"差距"

如前所述，育儿过程中常常发生父母与孩子的对抗，这是因为我们是不同的个体，拥有不同的需求、愿望和优先事项。（*你希望孩子去洗澡，而他们什么事情都不想做。*）这些情况会让我们无意识地做出自相矛盾的反应。（"*我情绪失控了……我冲着儿子吼，让他快去洗澡。*"）

正念可以减少我们这种无意识、无法控制的反应，转而以更理智和积极的方式应对与孩子的对抗情形。如果你生气了，而且意识到自己在生气，这时请留意这一情绪带来的想法和感受，会有助于以后以更好的方式应对。当你留意到自己的情绪，就会有意识地将其控制在理智范围内，同时融入更多权衡和思考。

我们都是人，有时会失去控制，但是，我们情绪失控的频率和程度，以及纠正错误或道歉的能力都十分重要。（参见第7节。）研究表明，正念能让父母更加专注和冷静，缓和父母与孩子之间的紧张关系，营造平和温馨的氛围。

六十秒练习正念

仅用一节内容无法涵盖广袤深邃的正念知识。市面上关于正念方面的书籍也无法涉及正念的方方面面。如果你对正念感兴趣，不妨自己去寻找适合自己的方式了解正念，比如课程、书籍、应用程序等，然后开始练习。即使每天练习十分钟也能带来积极的改变。

在能够坚持练习正念之前，你需要知道，想要了解自己的身体和生活中的当下时刻，首先要关注你的呼吸。我们从出生的那一刻开始呼吸，直到生命的最后一秒。空气随着呼吸进入体内，然后呼出。当我们思绪纷杂、烦恼忧虑，或无法专注于眼前的事物时，请先关注你的呼吸。我们每分每秒都在呼吸，这是我们生命的一部分。关注你的呼吸深浅以及通畅与否，你不用改变什么，只需注意呼吸的过程，感受自己的身体（即使在不愉快的情况下），不要强迫自己做出任何改变，这样可以训练和提高你活在当下的能力，即专注于当下的一切。另外，儿童练习正念要比成年人容易得多，因为他们自然而然地活在当下。从孩子身上可以学到很多东西。暂停片刻，关注你的呼吸，吸气、呼气。有时你也可以和孩子一起练习正念意识。

结语

正念意味着训练一种以友好、好奇、温和、不评判的方式关注当下的生活。我们周围充满了太多诱惑与刺激，一直消耗着我们的注意力，正念因此变得尤为重要。作为父母，不管是在日常生活中，还是遇到困难、挫折时，练习正念都能够让我们更好地与孩子相处。这种能力有助于我们和孩子调节情绪，获得更多幸福感。如果这些概念看上去似乎有点复杂，或与你的现实情况不符，你需要知道，以下这些技能其实十分简单，易于实操：全身心倾听孩子的倾诉；允许自己感受各种不同的情绪，有时甚至是自我冲突的情绪；遇到困难时，学会迎合"海浪"，顺势而为；感恩生活中所有的积极事物。

练习正念可以帮助我们和孩子在情绪管理上更加自如，更容易平心静气，获得幸福感。我们和孩子都想成为更好的人。

20

自我关怀：以友善温暖的目光看待自己

> 如果你对自己没有同情心，那么你就无法对他人产生同情心。

"我恨自己没有好好陪伴孩子。"

"有时我会拖延工作，这样就不必回去收拾家里的烂摊子了。我对自己很失望。"

"他们连续几个小时都在看手机——我这个妈妈真是太不称职了。"

"我们家孩子的饮食习惯很不好，这是我们的教育失败。"

这些话是不是听上去很熟悉？

有人说，父母的内疚感随孩子的出生而来；只要是父母，就会有内疚感。很多父母始终带着一双批评、严苛和评头论足的眼神看待周围的一切。但更多时候，我们就是以这样的眼神看待自己。回想一下，有时候我们对待自己是否过于严苛？我们绝不可能允许别人那样对待我们，当然我们也不会那样对待别人。这种消极的方式对我们毫无益处，反而会伤害自己和孩子。

我们都想成为好父母，但生活没有这么简单，每天有大量的事情要完成，而且往往不会按预期或计划进行。这时我们就很容易自我怀疑，乃至自我批评。但我们却完全相信了那些自我批评！你是不是认为自我批评是为了成为更好的父母？答案是否定的。在本节中，我们将了解为什么严厉的自我批评对我们没有帮助，然后我会介绍几种健康的替代方法。

做我们自己最好的朋友

请闭上眼睛，在脑中想象一位你爱的人，可以是你的朋友，或者是兄弟姐妹。他/她向你诉说最近正在经历一段低谷期：**"我对孩子们没有任何耐心了，房子总是一团糟，孩子们也特别淘气。他们太过分了，天天看电视、看手机，吃糖果停不下来，学习成绩也一直很差……我真的过得太苦了。"** 你会对那位好朋友说什么？你会告诉他们这都是他/她的错吗？他/她就是一位不负责任的、疏忽的、失败的父母？——你应该不会这样，那你会说什么呢？

现在请把你自己代入这位朋友的角色中——**"我正在经历一段低谷期，我忙得没时间和孩子相处，我没有尽力做好父母的职责。"** 你给予朋友的温暖与善解人意也应该同样施于自己。以善意的目光看待，给自己一个想象中的拥抱；与自己相处时不要怀有恶意，就像对待你爱的人那样对待你自己。

如果你觉得这种方法很奇怪或者陌生，那是因为你还不习惯这样思考。我们应该尽量熟悉这种思维模式，或者说，我们应对自己抱有自我关怀。

自我关怀 —— 你还不了解的重要术语

与正念类似，关怀这个词也来自佛教，并且其在心理健康方面的重要性也获得了大量的研究肯定。然而，有所不同的是，正念已经通过书籍、课程、应用程序和其他各种载体广泛传播，但关怀这个词似乎并不容易融入我们的文化。也许是因为我们容易将其与怜悯混淆，或是因为关怀背后的思维模式与我们现有的思维模式迥然不同。但关怀不是怜悯。如果你仔细阅读完本节，可能就会迫不及待地想将这种方法运用到自己的生活中。

"关怀"可以理解为当自己或他人遭遇痛苦时，想去减轻痛苦，获得心理上的温暖和同理心。对自己和他人的接纳和关怀，实际上正好与内疚和随意评判（自我批评和批评他人）相反。为什么自我关怀如此重要？大量研究已经证明，自我关怀有助于提升幸福感，帮助我们适应不断变化的外部环境，提高我们对生活负责的能力，以乐观态度和脚踏实地的执行力去完成目标、追求梦想。在我们深入探讨自我关怀之前，不妨先关注以下问题。

关怀 —— 对自己还是对他人？

小时候，我们常说，"*我是橡胶，你是胶水*"。关怀同样如此，只有通过它的积极方面——当我们把它放在自己身上时，当我们对自己友好和友善时——我们才能设法将它传递给他人。此外，善待自己、以同情心对待自己的能力是我们向他人投射温暖和善意的先决条件。神奇的事情在这里发生了：父母以同情和善良的反省方式对待自己和他们的生活经历时，也更有可能对自己的孩子表现出同情心；父母对自己表现出同情心，其子女往往对自己和他人表现出更多的同情心。这就是双赢，每个人都能受益。因此，如果你今天工作很不顺心，请以包容和幽默的态度看待发生的一切，然后与孩子分享你这糟糕的一天。这些品质有望帮助孩子们以类似的方式处理他们自己不愉快的经历，例如考试不及格、与朋友争吵或其他令人沮丧的事情。不过，自我关怀是否会导致我们缺乏雄心壮志、走向平庸？我们再来深入研究一下。

告别严厉的自我批评

西方文明倾向于将错误与惩罚和自我批评的行为联系在一起。比如说我们犯错时，会对自己愤怒，然后批评自己。（"*我忘了关烤箱，蛋糕烤焦了，我真傻*"）当我们在育儿方面犯错误时，（"*我下班太晚，接孩子也迟到了*"）我们往往会对自己特别生气。在第二节中，我谈到了我们对孩子的看法如何最终影响他们对自己的看法，以及他们正在发展的自我形象。受到父母过多批评的孩子可能会产生过于严格的自我批评意识，最终损害他们自己的自我价值感和总体幸福感。我们也同样如此，对自己过分挑剔的父母，最终会伤害自己；如果我们受到伤害，我们的孩子也会受到伤害，每个人都会受伤害。

我们对自己产生愤怒的原因似乎是想做得更好。在沉重的自我批评背后，隐藏着我们的固有观念：自我批评是解决问题、改正错误的唯一方式。然而，研究表明，父母的内疚感和自我批评没有任何积极意义，也无法推动事情的发展或解决。内疚感和自我批评只能挫败我们的士气和信心，让我们感到沮丧、绝望和焦虑。对于自己的愤怒和严厉的自我批评会激活与生存和压力机制相关的物理系统。这些系统不利于我们的决策，会破坏我们的学习能力；它们会对我们的幸福水平产生负面影响，随着时间的推移，甚至可能损害身体健康。然而，当我们真正明白犯错是人之常情——每个人都会犯错，错误只是生活的一部分；当我们设法以更友好和幽默的方式对待自己时，我们的心理健康以及从错误中吸取教训的能力都会得到改善和提高。

我们需要一点同情

美国研究员克里斯汀·内夫（Kristin Neff）在自我关怀的问题上做了大量研究。内夫通过研究将自我关怀定义为由三个主要要素组成：a. 友善和慷慨（对自己和他人）；b. 承认人性中的共性；c. 正念。接下来我会详细讲述这些要素。

a. 对自己多一点友善和慷慨

"我的确不完美，但这就是我必须努力的地方。我是一个好妈妈。"

当我们用友善的目光看待自己时，我们会放松下来，变得更快乐。和爱人在一起会释放爱情荷尔蒙和催产素，我们友善地对待自己也会释放荷尔蒙和催产素。荷尔蒙有助于增进我们的幸福感和身心健康。用宽恕和幽默来对待我们的错误也很重要：*"我作为父亲，几乎没有准时送过孩子上学""我虽然是位母亲，可是我不会做肉丸子"*……我们可以从旁观者的角度审视自己，告诉自己，*"我想做出更美味的饭菜"*，或者*"我希望自己能够更有条理"*，但切忌抱有批判、愤怒或不情愿的情绪——*请以友善的态度告诉自己，温柔一点。"*

b. 承认人性中的共性

一切都是自然而充满人性的。我们都会体验快乐、悲伤以及各种积极和消极情绪，甚至难以承受的痛苦，毕竟这就是生活。

在经历困难时，我们可能以为只有自己才懂这些糟糕的情绪——*"为什么会发生在我身上？"* 这时，你需要记住，你并不是一个人。所有人一生中都会经历某些类似的体验。当你在承受超负荷工作，但又想回家照顾孩子，感到无比纠结和沮丧时，如果你能意识到其他人也同样如此，会有助于我们关怀自己，原谅自己。同样，当你失去理智，冲孩子大喊大叫时也是如此。不过这并不意味着我们应该忽视这些情况，比如工作和家庭之间缺乏平衡，或者我们无法控制自己的愤怒情绪。导致这些情况的原因可能是你工作时间过长，或者你一直在使用"短路保险丝"。但不管怎样，孩子没有理由因此受到伤害。生活中的积极改变源于友善和宽容，而不是严厉的自我批评。我们正在经历的困难并不是自找的。有关自我关怀的研究证明，"把悲伤与人分享，悲伤就会减半"。

c. 正念

"我现在特别生气""家里太吵了，我要受不了了"

正念是关怀的第三个要素，已在前面的章节中叙述过。这是一种以不带任何批判的态度专注于当下的能力。我们在当下关注自己的想法和感受，对其充满好奇，不被过去和未来的无尽想法所困扰——这是自我关怀的组成部分之一。

自我关怀的重要性

很多年来,我们一直被教导培养孩子的自尊心至关重要。但是请注意,自尊心一词本质上隐含了与他人的比较和竞争。对于一个拥有高自尊的人来说,他们必须认为自己"高于平均水平"。然而,我们怎么可能在运动、学习和工作方面都高于平均水平呢?从数学角度上分析,这根本不可能。认为自己"高于平均水平"的人,很容易轻视其他人的价值,继而导致恶性竞争、完美主义,甚至产生攻击性情绪。

另一方面,自我关怀是为自己做出的正确选择——它是向内引导的,不会伤害他人,也没有限制和比较,只有裨益。学会自我关怀,能让我们和孩子更好地调节情绪,具有同理心,与周围的人建立更积极和富有成效的人际关系。这些好处都是无价的,而且也不难实现。

结语

为人父母的内疚感和严厉的自我批评不仅不会让我们成为更好的父母,反而会影响我们的幸福感。我们应该以友善温暖的目光看待自己,如同对待所爱的人一样。自我关怀意味着能够慷慨大方地对待自己,宽恕自己的错误,认识到每个人都有困难和压力,将注意力转向当下,当自己和他人痛苦时能够展现温暖和善良。自我关怀并不会让我们走向平庸,恰恰相反,它会培养我们健康积极的理想愿望,提高调节情绪的能力,增进我们与孩子的身心健康,这些都是我们最为珍贵的品质。

21

作为父亲：育儿不只是妈妈的任务

"作为妈妈，你要给孩子洗澡，让孩子上床睡觉，喂孩子吃饭……"

"亲爱的妈妈们，特邀你们参加本次家长会……"

你能想象吗？仅在几十年前，育儿书籍只以母亲作为目标读者；父亲不得进入产房，而且参加家长会的父母中母亲占了绝大多数。养育孩子似乎只是母亲的职责，父亲几乎没有参与其中。

不过幸运的是，这种状况在过去几年发生了巨大的转变。转变有多大呢？答案取决于你问的对象是谁。也许当育儿书籍不再将关于父亲的部分设为单独章节时，才意味着父亲在育儿过程中参与程度的质变，不过可能也需要若干年以后了。然后，父亲的参与就会被认为是理所应当的事实，育儿书籍也不必包含关于父亲的单独章节。

你们家里的现状如何？父母的任务是否平均分担？你们如何划分这些任

务？谁要做哪些事？你是否对任务划分感到满意？这是否是导致你们吵架和分歧的根源？购买这本书的是你，还是你的伴侣呢？是妈妈，还是爸爸？这值得深思。

在深入探讨之前，我需要指出，本节主要涉及父亲在家庭中的积极参与。也就是说，这里出现的许多原则也与父母离婚的家庭有关。（如果你是离异人群，可在第27节中阅读相关内容）

全身心投入的父亲 —— 为何如此重要？

在过去，男女分工明确：父亲外出打工，养家糊口；母亲在家做饭、打扫、洗衣服、照顾孩子。和自然界的普遍规律一样：雌性照顾幼崽，雄性出去寻找食物。不过，大约自20世纪中叶以来，妇女开始加入劳动力队伍中，让育儿角色分配产生了巨大变化。女性开始拒绝放弃工作、事业和成就，而男性开始更多地参与到抚养孩子的过程中。这是一件好事，因为当父亲完全参与育儿时，每个人都会受益。

首先从孩子开始：孩子会从充分参与自己成长过程的父亲身上获得很多宝贵滋养。研究表明，经常有父亲陪伴的孩子往往更快乐、更自信、情绪更稳定、学业成绩更好，甚至智商也更高。此外，这些孩子也往往不那么暴力，能够更好地应对竞争，更了解自己的感受，在长大后可以拥有更健康的恋爱关系。我们怎么可能放弃这些重要的品质？

一个全身心参与育儿过程的父亲，其妻子通常对于他们之间的伴侣关系也很满意。因此，孩子得到的是来自父母的双倍滋养。那么父亲呢？你可以对自己说类似以下这些话：*当我还是个孩子的时候，我的父亲只有一个任务，那就是养家糊口；而现在我作为父亲，应该同时扮演好两种角色：一是养家糊口的父亲，二是养育孩子的父亲。我有一份全职工作。我没有一刻时间属于自己。*尽管父亲肩负很大压力和多重角色，但我们发现父亲也可以从参与抚养孩子中受益。研究表明，与伴侣共同参与育儿的父亲往往生活更加平衡；他们的情绪感受能力更强；在工作中感受到的压力相对较小（你可能会觉得奇怪，但研究结果确实如此）；能体会到更深刻、更有意义的目标感，而且生活满意度更高。

看起来，父亲参与育儿对整个家庭都有好处。前面的章节中我提到过双赢情况，而这种状况也符合双赢。我相信这个原则与大多数人际关系都有关。双赢的对立面当然是双输，也就是大家都无法获益。所以，如果你可以在双赢和双输之间做出选择，你将会怎么做？换句话说，父亲怎么可能会选择不参与育儿？

父亲如何全身心投入育儿过程？

尽管我们都知道父亲全身心投入育儿中有很多好处，但他们往往很难真正充分参与其中。原因是什么？意识到这些问题的存在有助于克服育儿之路上的障碍，重新获得与伴侣共同抚养孩子的应有权利。

没有可以作为模板的父亲角色

我们的养育方式很大程度上依赖于我们自己在童年时期所经历的养育模式。也就是说，父母对待和抚养我们的方式会影响（有时是潜意识地）我们的育儿方式。然而，过去大多数父亲很少参与抚养孩子，今天的父亲想参与育儿，但往往发现自己缺乏榜样。你很想帮助孩子洗澡，给孩子喂饭，陪他们玩耍、聊天，安慰和拥抱他们……但你缺少一个"好父亲"的模板。有时，父亲可能会认为全身心照顾孩子会让自己"不那么有男子气概"，比如给孩子做饭、哄孩子睡觉或者和孩子谈论感受。不过这种情况正在逐渐好转。父亲正在越来越多地参与到孩子的成长过程中，这已经逐渐成为一种趋势，已经有很多父亲拒绝放弃照顾孩子的权利。如果你真的打破了这道屏障，全身心地投入抚养孩子的过程，你就会由衷地感到鼓舞，因为你的孩子长大以后成为父母时，会拥有一个真正的"父亲"榜样。

成为"好父亲"有很多方式

想成为社会公认的"好母亲"很难，但是想要成为"好父亲"，可以有很多方式。"好父亲"可以是带孩子去公园教他们骑自行车的人，可以是下班回来给孩子读睡前故事的人，也可以是在母亲上班时与孩子共度午后时光的人。

不过，由于"如何成为一个好父亲"有如此多的定义和可能性，很多家庭对此感到迷茫，甚至产生纷争。尽管父亲的参与越来越多，但很多母亲仍然觉得自己承担了大部分养育责任，最终的责任仍然是她们的；是她们协调孩子的玩耍时间，提醒孩子考试和家庭作业，不断与老师和学校进行沟通。这种情况有时会发生，即使在父亲陪伴孩子的时间比白天工作的母亲多的家庭中也是如此。因为这些母亲觉得育儿的主要责任仍然在自己身上，而父亲只是"帮忙"或"参与"。

如果你符合以上这些描述，或者你对伴侣之间的育儿角色分配感到不舒服，请开门见山地与伴侣沟通，做出适合你们家庭情况的决定。但在此之前，你需要了解"平分"和"父亲和母亲没有两样"的心态陷阱，请注意不要落入这两个陷阱。

陷阱之一：平分心态

我们从小到大接受的都是民主教育，认为"共同责任"就意味着"平等"，或者像孩子们所说的"平分"。然而，在很多情况下，"完全平分"的平等并不一定是最佳方案。作为父母，你应该从共同承担育儿责任中获益。尽管如此，这并不意味着必须要以"平分"的心态来参与育儿。共同责任不一定意味着父母双方平分育儿职责，如果你明白这点，就应该可以避免不必要的争吵、分歧和不满。毕竟我们必须承认，现实生活中没有什么事物是可以完全平分的。

陷阱之二："爸爸和妈妈一样"

除了"平分"心态之外，你还需要理解父亲和母亲在育儿中的作用并不相同。你们是两个不同的人，孩子绝对可以从父母以不同的方式参与他们的生活中受益：以最适合你的方式。因此，当孩子们在学校里的交往没有按照他们希望的方式进行时，爸爸可能是孩子们跳来跳去围着抱怨的那个人，而妈妈则是孩子们进行心对心谈话的那个人。妈妈帮助孩子学数学，而爸爸和他们一起踢足球，或者一起做饭——以及无数其他适合你的生活方式和喜好的组合，这都是完全可以接受的。研究表明，与每个父母的这些不同的互动会刺激孩子大脑的不同部分，从而极大地促进他们的发展。

爸爸想参与育儿，但妈妈不允许

承认吧，有时父亲没能参与育儿，是因为母亲阻止。在某些家庭中，母亲鼓励父亲参与育儿，但是必须一切都按照母亲的育儿方式进行。（在前面的章节中已经说过，这是不可能做到的）

这是我们必须避免的另一个陷阱。我在前面的章节中写过代表父母和孩子之间健康、稳定关系的"三角结构"：孩子的两位父母各具权威，各自对自己的幸福快乐负责，可以一起生活，也可以独立存在。这与父母一方受制于另一方的情况不同。因此，下次，在我们去做瑜伽并给我们的另一半留下详细的"指导手册"，以指示他们应该如何准确地让孩子入睡之前，应该提醒自己，我们的孩子从有着不同做事风格的父母中受益匪浅。他们与其他人不同，对孩子的反应不同，让孩子乖乖睡觉的方式也略有不同。

保持育儿节奏的一致性

我对父母之间的自然差异给予了大量的赞扬，这是当之无愧的，但也不应该被理解成允许你们互相矛盾或驳回对方的决定。（"*妈妈不会让我们吃糖果的，*

我们去问问爸爸——他肯定会让我们吃"）孩子们可能会从每个父母的个人风格中受益，但他们需要父母"在同一阵线上"。建议父母寻求一套统一的价值观，家中的规则保持稳定和一致，你们都支持这些规则，尊重并支持对方的决定。

父母之爱的三角结构：

艾瑞克·弗洛姆（Erich Fromm）所说的母爱和父爱

精神分析学家和哲学家艾瑞克·弗洛姆（Erich Fromm）在他的《爱的艺术》(*The Art of Love*)一书中阐明了母爱与父爱之间可能存在的差异。他认为母爱是一种无条件的爱，仅仅是因孩子的存在而产生的爱。然而，父爱是有要求的——孩子必须获得一定的成就并符合某些期望，且能够给自己带来回报。

虽然这种分类听起来有点过时（这本书出版于 1956 年），但对于这两种爱进行简单的区分是有一定意义的。孩子既需要无条件的、永恒的母爱，也需要建立在期待和要求上的父爱。**我们爱你——仅仅因为你是你，因为你的存在，也因为你做了应该做的，你努力工作，尽力而为，做好事。**因此，即使我们不同意弗洛姆关于母亲和父亲的角色设定，但重要的是要注意我们与孩子建立的不同关系仍然有价值：无条件的爱与引导他们走上自我实现和成就的正确道路的爱的结合。

结语

当父亲完全参与并始终如一地养育孩子时，孩子、母亲和父亲都可从中获益。有时，事情远非如此简单——我们没有一个清晰的模型来说明如何去做，而且每个家长的期望都不一样。你们之间的角色划分可能会导致辩论和争吵，但尽管如此，付出努力是值得的，也是至关重要的。同样重要的是要记住，爸爸不应该采取妈妈的方式行动，父母双方所拥有的风格的多样性和差异性是很有价值的。最重要的是不要放弃分担养育孩子的责任。

22

伴侣关系：不要忘记浪漫的二人世界

"孩子他爸，给儿子的学校出游许可单签个字吧……"

"孩子她妈，帮女儿完成她的地理作业……"

我们是如何到这一地步的？我们是如何从一对恩爱亲密的情侣变成如今互相称呼"孩子他妈"和"孩子他爸"的？我们之间的对话从何时起有 90% 都是围绕着孩子了？从商量孩子的游戏时间、谁开车接送，到孩子的课外班和家庭作业，甚至还有孩子午餐盒里的食物……

我们曾无数次许诺，我们之间的关系永远不会变成这样，浪漫生活才是头等大事，其次才是孩子。

"孩子他妈"和"孩子他爸"，你们有没有可能和其他大多数情侣一样，也已经到这种地步了？

在大多数家庭里，养育子女是伴侣双方共同的任务。浪漫关系一般先于养育子女，而且是伴侣之间一切的起点。但是，养育子女是一项十分耗费精力的工作，甚至掠夺了伴侣生活，甚至有可能伤害伴侣关系。不要担心，你并不是一个人。

孩子是伴侣关系凝结出的美好果实，没有什么比这更令人激动的事了。尽管如此，关于幸福感的研究发现，养育子女往往会损害伴侣生活的整体幸福感。（参见第 18 节）然而，你仍然有理由希望你们的伴侣生活会有所不同，毕竟幸福很大程度上掌握在自己的手中。

本节适用于共同抚养孩子的伴侣。如果您已离婚，欢迎您阅读第 27 节。

稳固的伴侣关系带来双赢的局面

在上一节中，我写到了双赢的局面：每个人都赢了。这是伴侣生活的最佳状态。当你们中的一个人对另一个人表现出温暖和善意时，对方会感觉良好，并有望努力表现出积极和温暖的一面。这时，神奇的事情发生了：你们两人都感觉很好，这也传达给了孩子们。然而，与双赢局面相反，每个人都失败的模式，造成了一个只会不断自我增长的负面循环：你不友善，他们不友善，你们仍然对彼此不友善。选择每个人都失败而不是每个人都受益的选项，这几乎是不合逻辑的。付出努力并选择第一个选项非常重要。

你可以想象一对伴侣在玩飞盘。两位选手都有一个相似的目标：让飞盘尽可能长时间地保持在空中。伴侣之间需要有良好的沟通，也必须不断进行良好的协调。网球运动中，每位运动员的目标都是击败对方，一方的胜利意味着另一方的失败；而你们作为伴侣的目标是共同的，没有赢家或输家。碰巧要么每个人都赢，要么每个人都输。孩子和父母之间的关系也是如此。

幸福伴侣生活的数学原理

"虔诚的犹太人、美国人、心理学家和数学家"——这听起来像是一个笑话的开头，不过这三个词都是形容同一个人：犹太裔美国心理学家约翰·戈特曼（John Gottman），他在成为心理学家之前是一名数学家。这解释了戈特曼为什么选择用数学定量原理解释某些心理学问题。

现代社会普遍认为长期浪漫的一夫一妻制婚姻是生活中最美好的礼物，而戈特曼跳出了这一固定观点，试图找出可能破坏健康幸福关系并最终导致离婚的原因。他进行了一项经典研究：通过观察一对夫妇的交流，戈特曼准确地预测了导致伴侣分居和离婚的种种原因。（参见本页的带框文本）不过，戈特曼并没有就此止步。作为一名心理治疗师（他与同为心理学家的妻子朱莉合作密切），他努力将他的发现转化为简单可行的指导原则，帮助伴侣们过上更充实的生活，减少离婚的可能性。

例如，戈特曼发现，引起伴侣吵架的事情中有69%是"无法解决"的，比如性格问题、基本观念问题等。因此戈特曼认为，伴侣相处的目的不是防止争吵，也不是解决争吵，而是首先要学会如何和解并从每次争吵中有所长进。此外他还发现，伴侣吵架的次数多少并不重要，真正重要的是伴侣之间积极情绪和美好时刻占所有情绪的比例。根据他的研究，他建议的比例至少为5比1，意思是至少5个积极时刻对1个消极时刻。

你可能觉得心理学不存在这些"秘诀"，但数学家兼心理学家戈特曼却不这么认为。他创造了各种各样的"秘诀"，包括"每周六小时"让伴侣关系长久保鲜。即使你没有严格按照他的"秘诀"去做，其中的指导原则仍然可以帮助改善你的伴侣生活。

"你们还是夫妻吗？" —— 戈特曼的经典研究

所有的伴侣都会吵架，在这种情况下，与决定分开的人相比，未来几年会在一起的夫妇有什么特点？

作为一名才华横溢的研究人员，戈特曼明白，为了回答这个问题，他必须在婚姻开始破裂之前对已婚夫妇进行调查。在一项研究中，他召集已婚夫妇到他创建的"爱情实验室"。每对夫妇都被要求就一些随机话题争论十五分钟。在争吵期间，每个人都测量了血压，他们的面部表情也被摄像机捕捉到。大约有三千对夫妇参加了这项研究。

在另一项研究中，戈特曼观察了同意搬进正在录像的房子几天的已婚夫妇。这些夫妇被要求像往常一样生活，而摄像机不断地记录他们之间发生的事情。（这发生在真人秀类节目盛行的很多年以前。）

在这两项研究中，戈特曼和他的研究助理每年都会对这些夫妇（此研究的参与者）进行回访。在后续的谈话中，每对夫妇都会被问到一个重要问题："你们还是夫妻吗？"戈特曼的目标是找出夫妻在镜头前互动时的互动模式之间的联系，从而最终确定同一对夫妇继续婚姻生活或选择离婚的可能性。

他发现，夫妇之间交谈的方式，甚至他们的语气和面部表情，都可以高度准确地预测（准确地说是 91%）他们将继续生活在一起还是选择分开。具体来说，他发现了以下四种行为模式会造成严重伤害：

伴侣的责怪：对人不对事。

伴侣一方的防御性。（*"为什么他／她要这样对我？我什么都没做"*）

吵架时的**蔑视和愤恨**。

冷暴力：拒绝沟通，故意疏远，冰冷沉默。（相较女性而言，男性更容易有这种倾向。）

认识到这一点很重要。伴侣在吵架或日常生活中对待另一方的方式（我们说的话、说话语气和面部表情以及生气时的沉默），不管是现在还是以后，都会对两人关系产生巨大影响。

良好稳定的伴侣关系是一生的礼物

良好稳定的伴侣关系对于你们、你们的育儿生活以及孩子都有好处，这已经成为一种共识。

良好的伴侣关系是一切的基础

在履行育儿职责的同时，还要维护好伴侣之间的浪漫关系，这是一个很大的挑战。如果你们双方都为此付出精力和行动，再加上一点运气，那么你们的伴侣关系一定会长久且甜蜜，甚至在孩子成年离开家之后（可能比你想象的要快得多）依旧如此。为了维护和培养你们的浪漫关系，你们需要与育儿职责划清界限，腾出二人世界的时间。比如晚上两人一起出门散步，和朋友聚会，在孩子睡着后或不在身边时共享二人时光，以及时不时出去度假。你们和孩子都会从中受益。（见本节后半部分）

你们的关系创造了一个有意义的空间

我需要重申，为人父母是一项极为复杂的人生使命，有无数细节需要你去考虑和应对，有无数复杂的选择需要你去做决定。伴侣二人共同育儿的好处之一就是，你们都迫切地想要给孩子最好的一切，因此会共同分担育儿任务，相互交流，一起看着可爱的小家伙慢慢长大。

良好的关系建立了一个重要的平衡系统：陪伴和支持对方，帮助调节情绪

谁没有弱点？谁没有经历过崩溃？我们的情绪有时候在某个时间段会很消极，（"我当妈妈的耐心到了晚上9点就坚持不住了，你现在快来接下一班！"）有时候与某个具体事件有关，（"我不管会不会有世界末日，反正我就是不会带他们去看牙医！"）有时是自己正在经历艰难时期。（"这几个月我一直忙着照顾我自己的父母。我知道我最近很烦躁，没有耐心"）你们作为父母，作为共同育儿的伙伴，可以互相支持，轮流照顾孩子，换句话说："你们多么幸运，不用一个人单打独斗地育儿。"

良好的伴侣关系有助于孩子了解自己所处的位置

在处理好你们的伴侣关系后，你需要给自己一段无须育儿的时间，充分享

受自我——和朋友聚会，聊"成年人"的话题。这样做是让孩子知道他们不是宇宙的中心，你拥有自己的兴趣爱好，你的聊天不需要孩子的参与，或者更简单来说："你有自己的生活"。有时候孩子想知道你在聊什么，想参与其中，还想插话，请不要放弃自己的隐私权。其实孩子需要这种体验——知道自己不是宇宙的中心。让孩子知道你们比他们更强大，他们只是你们世界的一部分（虽然极为重要，但仍只是一部分），可以给孩子一种内心的平静和安全感。在同样语境下，请不要"越过你孩子的头脑"，这是对孩子的不尊重。但孩子不在身边时，你要给自己空间谈论你关心的问题。

良好的伴侣关系为孩子提供了稳定的社交关系

正如我之前提到的，在双亲家庭中长大的孩子可以从中受益良多。孩子能够依靠和信任你们两个人，这极大地增强了他们的安全感。此外，你还需要知道，孩子也会从你的与众不同中获益，比如你的个性、兴趣爱好、思维模式、职业等。孩子还可以分别和爸爸或妈妈一起参与某些活动，比如与你外出徒步旅行、与你的伴侣一起演奏乐器，和爸爸一起看真人秀、和妈妈一起滑冰等。

有问题的伴侣关系会伤害孩子

到目前为止，我写过积极良好关系的很多特征。研究表明，存在问题或充满压力的伴侣关系会对孩子产生负面影响。我们将其称作溢出反应。一直充满紧张和冲突的夫妻关系，往往会蔓延到父母与子女之间的关系，导致整个家庭气氛变得阴暗而复杂，损害孩子的身心健康。

良好的伴侣关系为孩子提供了重要的学习榜样

大多数父母都渴望孩子长大，最终建立自己的家庭——一个建立在良好伴侣关系基础上的家庭，这种良好伴侣关系包含了真爱、沟通和亲密关系，以及最重要的——相互的承诺。当你们建立了这样的伴侣关系，孩子就有了模仿与学习的对象，为他们以后建立家庭奠定了基础。我需要重申，良好的伴侣关系不一定代表你们要在每件事上都意见一致。你们仍然是不同的个体，在家庭中展现不同的行事风格，甚至不同的价值观是非常正常的。前文曾写过，伴侣之间不要有相互冲突的价值观，然而，争论和分歧仍然会发生，这也很正常。重要的是要记住，孩子在家里看到的行为模式对他们的影响很大；你们的行为影响着孩子对人际关系甚至对恋爱关系的看法。

每周六小时，让伴侣关系长久保鲜 —— 戈特曼的"秘诀"

早晨上班告别： 早晨上班分别时，告诉对方你当天的安排。（２分钟 × 一周５天＝每周１０分钟）

睡前聊天： 每天睡前和伴侣交流２０分钟，保证没有电视或其他背景噪音干扰。（２０分钟 × 一周５天 ＝ 每周１００分钟）

表达欣赏和爱意： 每天向伴侣表达欣赏和爱意。（５分钟 × 一周７天＝每周３５分钟）

肢体动作： 通过接吻、拥抱、爱抚等表达爱意。（５分钟 × 一周７天＝每周３５分钟）

每周甜蜜约会： 共度浪漫的二人世界。（每周２小时）

互诉衷肠： 每周留出一个小时来谈论你们之间的关系——首先向对方表达感激，然后倾诉你这周遇到的困难，尝试一起解决。（每周１小时）

每周总共需要６小时。

戈特曼的研究以及从中得出的实际意义在其优秀著作《幸福婚姻七法则》（*The Seven Principles for Making Marriage Work*）中进行了详细阐述。

结语

大多数家庭中，育儿是伴侣双方共同的任务，仅在某些少数情况下，育儿会影响伴侣关系，甚至完全侵占了伴侣单独相处的时间。请不要让这种情况发生，维护好你们之间的良好关系。让伴侣关系保持活力的方法有很多，良好稳定的伴侣关系建立在信任、亲密和相互承诺的基础上，这是我们一生中最重要的礼物之一。

伴侣关系除了本身具有的巨大价值外，还有其他益处。比如让你的孩子体会到安全感，因为他们有两位成年人可以依靠，而且你们都是不同的独立个体；让孩子更具洞察力——孩子看到你有自己的生活，就会明白自己不是宇宙的中心，不是一切都围着自己转。良好的伴侣关系创造了一种动态平衡，有利于双方情绪的调节，有充分空间和时间在育儿过程中做出重要决定。最后，生活在良好、健康的家庭中的孩子，其成年生活会受到积极的影响。良好的伴侣关系百利而无一害。

23
教育系统：不是敌人，而是盟友

闭上眼睛，回想你对于学校的记忆、你的学生时代，你印象最深的是什么？关于幼儿园，你还记得什么？小学呢？你的一年级老师叫什么名字？哪些人深深印在你的脑海，哪些人早已忘却？

我每年和心理学专业硕士生一起做这个练习时，都惊异于我们的记忆力。我们都带着对曾经经历过的不同教育体系的清晰、详细的回忆：对我们被告知的某些事情——或者最后没有说的事情的回忆；各种各样的经历——有些是美好而积极的，有些是痛苦和令人沮丧的，有时甚至是创伤。

虽然背负着沉重的情感包袱，但我们每天都会送孩子去学校或幼儿园。有些人带着微笑和平静的感觉做这些事，但其他人则带着沉重的心情和担忧，有时甚至是愤怒。

只是，我们的感受并不是透明的——我们的孩子会注意到它们。即使我们不说一个字，这些感受也会渗透到我们孩子的意识中并影响他们，所以我们必须意识到它们的存在。而当你真正思考它们时，挑战确实是巨大而复杂的。我们的孩子每天在不同的教育系统中度过许多小时，甚至比他们在家的时间还要多。毫无疑问，制度对他们的教育有着巨大的影响，但是，我们仍然没有办法选择谁最终成为孩子们的幼儿园老师或学校老师。我们也无法决定他们的课程内容是什么。此外，在教育系统中度过的时间里，孩子们的大部分自我认知方式都得到了巩固：*我如何与其他孩子相处，我如何社交，我是一个什么样的学生，我是多么有才华*。研究表明，关于这些概念，学校系统最终对孩子的影响可能比作为父母的我们更大。为了让这些过程对我们的孩子有益，重要的是要始终了解我们与幼儿园或学校老师，以及在这些不同系统中负责孩子教育的其他人建立的关系。在我提出我认为可以帮助解决这个问题的原则和行动之前，让我们先看看关于 21 世纪教育挑战的更大问题。

恐怖的家长会 —— 教师的真正角色是什么

所有学生都不会忘记家长会。家长会上，除了老师、家长、学生和成绩单，桌上还放着盛有椒盐脆饼的盘子。但最令人印象深刻的还是空气中的紧张气氛：*老师会说什么？父母会说什么？他们会做出怎样的反应？考试成绩到底如何？* 教室里弥漫着压抑和紧张的氛围。这种氛围必须改变。压力与紧张说明你们对学校和教师的角色缺乏了解。如今的教育系统要解决的是重要且根本性的问题。"传道授业解惑"不再是教育的全部；毕竟，这些知识只需在互联网上搜索就可以快速获得。那么，什么才是重要而根本性的问题？

如今越来越多的人认为，教育系统的首要目的是培养学生的积极心理。这是教育的至高目标。（欲了解更多相关内容，请参见本节的带框文字）

事实上，经济合作与发展组织采纳了这一至高目标，将其作为未来最核心的教育目标之一。这样做的意义在于，教育系统将致力于培养学生的综合素质，如内在动力、批判性思维、创造力、情绪管理能力、领导力、建立有意义的人际关系的能力、回馈他人、发挥主动性、形成自我意识，以及表达自己的能力等。

如何实现这个目标呢？其实很大程度要归功于学生和教师之间建立的人际关系。我们作为父母毫无疑问是孩子的重要榜样，而孩子的老师也会对他们产生重要影响。这种影响将会是积极的，会充分给予孩子机会展示自身美好的品质和才华。这需要家长和老师双方共同努力：老师要努力让自己成为能够施加积极影响的人，而家长则需要允许老师承担这样的角色。

当然，老师永远不会像家长那样对孩子拥有同样的影响力，但家长需要欢迎老师一起加入教育挑战中，让老师凭借专业素养和个人品质为孩子的整体发展发挥作用。即使我们仍然认为知识、学习成绩和学习技能十分重要，但同样重要的是让孩子知道，老师欣赏他们的真实自我和独特性，老师是相信他们的。如果家长能做到这一切，就会少了很多威胁和戾气。

21世纪的教育目标，以及如何实现

教育系统的当前目标和未来目标分别是什么？过去几年，这个问题一直困扰着全球的教育界人士。研究学者兼历史学家尤瓦尔·诺亚·赫拉利（Yuval Noah Harari），在其著作《今日简史：人类命运大议题》（*21 Lessons for the 21st Century*）中指出，老师最不需要做的就是向学生传授更多信息，因为学生知道的已经够多了。但理解信息、区分信息的重要性、将碎片信息汇总为全局图景的能力是学生需要掌握的。他建议学校老师通过"四个C"——批判性思维、沟通、协作和创造（critical thinking, communication, collaboration and creativity）进行教学。赫拉利认为，在所有技能中最重要的是应对变化、学习新事物和在陌生

> 环境中保持心理平衡的能力。
>
> 如前所述，经合组织和其他许多国家均已采用了这样的目标。那么，实际情况如何呢？
>
> 许多老师及教育工作者声称他们完全认同这些重要目标，但在他们的日常工作中发现这些目标很难实现。其原因在于，他们对于成功的衡量标准是学生的成绩。这的确成了一个棘手的问题。时至今日，教育系统的使命和价值观仍然是自相矛盾的。在学校教育面临的众多教学任务中，培养学生的情绪管理和社交能力与获得知识和优异成绩一样重要，甚至更为重要。

如何与学校建立健康沟通？

读到这里，你可能会说，孩子在一个"正规的"学校上学，老师天天加班、疲惫不堪，这就是学校的常态。这种想法会对我们和孩子都产生负面影响。如果你有这样的想法，那么就真的需要改变自己的观点，以更多的同理心理解学校。我会对此进行详细叙述，帮助你们理解。

与学校合作，而不是对抗

"他们不是我们的敌人，而是我们的盟友！"这是本节的核心要点。然而可惜的是，很多家长刚与学校沟通时就进入了攻击模式。家长满怀善意，想要保护孩子，然后穿戴上战斗装备，对学校发起进攻：愤怒、指责、失望，甚至是威胁。如果学校进行了"反击"，家长会认为这验证了他们最初的猜想。我们在这点上不能一错再错。你需要知道，家长与学校之间没有利益冲突；再重申一遍，家长和老师、学校辅导员或校长之间没有利益冲突。各方都希望为我们的孩子提供最好的教育。如果能明白这一点，我们就能通力合作，孩子无疑会从中受益良多。

在学校，你的孩子并不是宇宙的中心——没关系！

有时候家长觉得有必要与学校争辩，因为他们认为只有自己会把孩子放在首位，而老师要把注意力分散到很多孩子身上，无暇关注自己的孩子。但是我们需要明白，虽然我们的孩子确实是学校里众多孩子中的一员，但老师仍然希望为每位孩子提供最好的教育。在家里，孩子感觉自己是一切的中心；而在学校，他们是众多同龄儿童中的一位。这一点具有里程碑式的意义，有助于孩子在团队或集体中找到自己的位置，发挥自己的作用。

主动向学校告知孩子的重要情况

前面说过，孩子大部分时间都在幼儿园或学校中度过。为了孩子的成长，我们需要信任学校，同时也要让孩子信任学校。主动向学校告知孩子可能存在的问题或变化是十分重要的。例如，如果你的孩子正在经历一段艰难时期，（**"我们心爱的狗去世了"**）那么你需要告诉老师，这样老师才能对孩子的情况更加注意和有所照顾。如果你注意到女儿需要在纸上涂涂画画才能集中注意力，你要和学校协商，允许她这样做。（你会惊讶于今天的学校是多么开放，能够适应这些问题）

充分重视学校告诉你的信息

如果学校告诉你关于孩子的一些事情，（**"他最近有点漫不经心""她早上对门卫的态度粗鲁极了"**）请给予充分重视，不要置若罔闻。如果孩子的老师告诉你，每次他在学校稍感不悦，就会发脾气，离开课堂，你就需要认真对待这个问题，努力调节孩子的情绪问题，而不是讥讽地回应道：**"那肯定啊，如果他觉得上课有意思的话，他肯定不会离开课堂。"**

我们一定要记住，在家庭与学校之间建立信任和开放的沟通渠道对孩子来说是极为重要且必要的。如果你觉得学校的教育方法或对待孩子的方式不好，

（这种情况肯定有时会发生）请与学校的相关负责人沟通，告诉他们你的想法，冷静地倾听他们的意见。虽然你和学校很有可能最终还是会在某些问题上存在分歧，（人们不可能在所有事情上都能达成共识）但是积极合理的沟通会让双方更加尊重彼此，起码不至于产生裂痕。你不应该向孩子传递"学校是敌人"这样的信息，否则孩子会认为每天上学都是要去和"敌人"战斗。

孩子换到新学校 —— 主动告知重要信息

如果孩子刚刚开始上学前班或从小学升入初中，而有些情况可能是学校需要知晓的，请一定不要隐瞒。比如，如果你的女儿患有多动症或学习障碍，或者你的儿子以前有社交障碍，请告知新学校的负责人相关情况，并请他们提供帮助。不要让他们自己发现这些情况，不要让他们测试这些情况是否属实。（*"我来看看他们能不能注意到……"*）请记住，教育系统是我们的盟友，不是我们的敌人。

如果你的孩子确实存在类似的情况，而且你希望孩子在新学校能有一个"新的开始"，不想让他被贴上负面标签而受到伤害，那么其实主动告知才是可取之道，隐瞒实情恰恰适得其反。主动向新学校告知这些情况，可以让孩子进入最适合他们的班级，找到合适的老师和朋友，甚至还能让孩子得到专业帮助，在学业上取得理想成绩，这才是你想看到的结果。

注意干预和参与的不同

如果你问教育工作者他们工作中最复杂的部分是什么，他们很可能一致回答——"家长"。这其实挺容易理解的。最近几年，家长对学校的要求越来越严苛。各种网络群聊小组为家长提供了吐槽学校大事小情的平台，手机和邮箱又让老师不得不实时回复家长的任何问题。老师们在教育领域辛勤工作，并承担重大责任，而我们似乎已经失去了对他们最低限度的尊重。

这里请不要误解，父母在孩子学校教育中的参与非常重要。我们当然可以为学校教育贡献自己的力量，但前提是我们知道如何与和孩子教育相关的各方通力合作。而且，不能让我们的"参与"变成"干涉"。我们不能干预老师们的教育方式，让他们放松要求，或者甚至逼他们换工作……所以，如果你确实有一些不满，想要表达出来，那么请以谦虚和尊重的态度，本着认真倾听和有效沟通的原则与学校一起解决问题。学校不是我们的敌人，而是我们的盟友，还记得吗？

结语

如今孩子小小年纪便进入学校，学校生活是孩子教育的重要部分。学校在塑造孩子的自我形象、自我意识、建立人际关系等方面发挥着关键作用。我们要相信学校致力于为孩子提供最好的教育，我们与学校之间没有利益冲突。请在家庭与学校之间构建开放、积极和相互尊重的沟通桥梁；建设性地参与，而不是让"参与"变成"干预"；让孩子的老师有机会成为孩子的榜样——所有这些都将有助于促进孩子情感的良性发展。你并不是一个人——幼儿园和学校会与你通力合作，共同教育你的孩子。

24

代际传递：育儿模式也会"遗传"

人不过是他家乡风景的印记。

——肖尔·切尔尼霍夫斯基（Shaul Tchernichovsky）

你们是否对这种感觉很熟悉？我们坚信自己可以成为与众不同的父母——孩子玩得不亦乐乎时，我们不会生气；孩子成绩不理想时，我们不会用失望的目光看着他；他们每次离开家时，我们不会焦虑……我们想成为更酷、更容易相处、更有同情心的父母。但是和谁比呢？当然是和我们的父母相比。

但我们发现结果并不如愿。我们经常发现自己在重复父母抚养我们的育儿模式。你可以听到母亲的声音从你自己的喉咙里传出来；你感觉自己对待事情的反应好像和父亲一样。

我们在育儿过程中容易重复父母在我们身上采用的育儿模式，即**代际传递**。人们经历过的某些育儿模式对自己影响很深，但有时我们不一定能意识到。

童年的美好经历和创伤经历

你可能会问自己："我和这个话题有什么联系？"从某种程度上说，似乎所有家庭都存在代际传递。但不同的是，有些代际传递是正面的、健康的，有些代际传递是消极的，甚至会引起心理创伤。所以，如果你的童年大多数时间是快乐幸福的，那么你的孩子可以从中受益。但是那些经历了不太快乐的童年的家长呢？那些经历过其"父母"体罚的家长呢？经历过其"父母"冷暴力的家长呢？还有那些其"父母"忙于日常事务而不关心孩子的家长呢？

本节我们将理解代际传递在积极情境、困难情境和其他情境中的基本原理。由于代际传递这个话题可能比较敏感，我要首先声明，即使代际传递是普遍存在的，我们仍然有很多办法应对，以摒除过去错误的做法。发现我们成长过程中接受到的消极育儿模式，有助于我们摆脱其影响。本节和下一节将介绍相关内容。

托儿所中的鬼魂

精神分析学家和社会工作者塞尔玛·弗莱伯格（Selma Fraiberg）及其同事在 1975 年发表的一篇文章里提出了代际传递的概念。在这篇名为《托儿所中的鬼魂》（Ghosts in the Nursery）的文章中，介绍了两位年轻母亲的极端案例。她们对待孩子十分冷漠，完全缺乏情感连接。虽然婴儿的生理需求得到了满足，但他们没有得到母亲的爱，也没有建立亲密的联系，后来孩子的成长出现了严重问题。

社会服务机构为这些母亲提供了情绪治疗，在治疗过程中，心理治疗师发现这两位年轻母亲是在情感关系恶劣的家庭中长大的。她们都在成长的岁月里经历了一系列的漠视、父母的虐待和严重的童年创伤。当开始回忆自己痛苦的经历，向治疗师说起自己千疮百孔的生活时，她们慢慢发现自己能够听到孩子的哭声，想去安慰孩子，回应孩子的需求。她们开始能够履行母亲的职责，而她们的孩子也很快地对母亲的改变有

> 所反应。也就是说，母亲越是回忆和分享自己童年的创伤，就会越关心孩子，孩子的成长也回到了正确的轨道上。
>
> 这篇论文自发表以来被无数次引用，已经成为了解如何对待童年时期经历过创伤的父母的重要工具。

代际传递：代际传递如何产生？

几十年来，研究人员和心理治疗师一直希望找到我们为何在育儿过程中还在沿用自己从小接受的育儿方式。现在，代际传递解释了这一行为。我们首先来看看代际传递的积极方面。

我们的第二次童年 —— 通往我们内心的小孩之路

从你的眼睛里，我的女儿，
我看到了一个全新的世界，
透过你的双手，我学会了
抚摸蔚蓝大海的波浪。

——埃胡德·曼诺（Ehud Manor）

在美妙的以色列歌曲《我的第二个童年》（*My Second Childhood*）中，诗人埃胡德·曼诺描述了父母通过年幼的孩子再次体验感受和情绪：他们第一次接触海浪，他们感受到拥抱的真正快乐，他们用新鲜的眼光看待世界。事实上，我们通过孩子连接到了自己内心深处的那个小孩。为人父母让我们回忆起自己的童年，以及我们的父母对待和照顾我们的方式。

我们之所以成为父母，是因为我们自己在童年时期就接受了积极的养育方式。我们的父母为我们在将来成为好父母播下了种子。这种特征并不是人类独有的。在第 29 节我将讲到一项研究：雌性老鼠出生不久就与母亲分离，没有得到母亲的照顾，于是自己不知道如何做一位母亲，也不知道如何对待它的后代。我们的父母，以及自然界中其他哺乳动物的父母，似乎建立了一种模式，让我们有一天能够成为自己孩子的好父母。

把育儿作为建立人际关系的训练

很多人问育儿的真正目的是什么：以教育为中心吗？设置边界吗？传递重要价值观吗？为人父母的工作当然包括所有这些方面，但最重要的是，为人父母为我们与他人建立关系提供了宝贵的实验形式。当父母认真倾听孩子的声音，满足孩子的需求时，孩子会以乐观积极的态度看待其他人（朋友、幼儿园或学校的老师等）。这些孩子在这种社会关系中感到快乐和安全，他们的积极态度通常会成为自我实现的预言（参见第 3 节）。当他们自己成为父母时，也会将这种安全感传递给孩子，这就是代际传递——我们在育儿过程中沿用了自己成长过程中接受的关系模式。

与孩子相处，了解孩子内心的能力

关于代际传递的其他育儿特征，还有父母与孩子相处的能力和父母的心智化水平，即父母能够将孩子作为拥有内心世界的独立个体看待，帮助孩子感知内心世界。（详见第 3 节和第 11 节）

想象一下，你的女儿回家时心烦意乱，因为她的两个好朋友出去玩，没有带她；或者你的儿子在篮球比赛中出现投篮失误，他的朋友将整支球队的失利归咎于他。你的孩子会和你分享他们的情绪风暴吗？如果他们与你分享，你会给出怎样的反应？会是批评吗？（"*如果你当时训练更加努力一点，你就能投进去的！*"）你会直接忽略那些令人不悦的经历吗？（"*胡说，没这回事。你还有好多朋友呢。*"）还是带着同理心真正地聆听孩子的心声？（"*那太令人难受了，我能*

理解你的感受")。如果父母能够陪伴孩子（即使在孩子经历困难或情感风暴时仍陪伴左右），理解孩子的内心感受，而不是忽视或当作不存在，那么对于孩子的情绪调节能力有重要作用。

研究证明，这些育儿方式往往会"遗传"一代又一代，在很大程度上印证了代际传递的存在。我们与孩子正确相处的能力会促进孩子情感能力的发展，而这些情感能力有一天会让孩子能够正确地与自己的下一代相处。

"一切都是出于好意" —— 认识"代际传递"

为人父母是一项复杂的人生使命，我们的父母尽了最大努力，也不能免于犯错。当我们成为父母时，我们希望向孩子传递自己成长过程中的积极体验。（"**我的父亲总让我觉得我是全世界最重要的宝贝，我也想让孩子拥有同样的感受**"）然而我们的某些存在问题的思维和行为模式一定不能传授给孩子，这些模式包括：

过度强调某些不是很重要的特点。（"你这么漂亮，一定会得到你想要的一切"）

忽视其他品质的培养。（"听音乐是浪费时间，学习数学重要得多"）

过于挑剔且期望过高。（"你最好不要考出低于……分的成绩"）

缺乏耐心和关心或者过度保护和过度参与。（"你不能参加学校郊游，除非我陪你一起"）

强调我们并不认为非常重要的事情。（"你必须把盘子里的食物全部吃完！"）

对重要事物缺乏关注。（"我的父母从来不过问我的感受……"）

此外还有很多类似的模式，而父母这样做很可能是出于"善意"。

当发现自己在育儿过程中沿用了童年时令人不悦的模式（对孩子发脾气、冷暴力、过于挑剔等）时，我们往往对自己很失望、责怪自己。不过你需要知道，认识到问题的存在是解决问题的关键。

如前所述，人无完人。当然，我们的孩子有一天也会批评我们的育儿模式。

如果你发现自己从父母那里"继承"了某个错误的育儿模式，请不要将其当作理所当然的事实而坐视不管。你可以选择自己的育儿模式（或育儿风格），寻找其来源，做出改变，而不是照搬沿用，选择权在于你自己。

经历过不快乐童年的父母
是如何在养育子女时重复同样有问题的育儿模式的？

代际传递也有可能导致恶意和虐待的"遗传"。我们希望遭受虐待和忽视的儿童尽其所能不要在自己将来的育儿模式中重演悲剧，但有些家庭仍然会发生这种情况。这就引出了一个问题，即被父母殴打或遭受忽视的孩子如何成了伤害自己孩子的父母。

该现象产生的原因与认同攻击者机制有关，这个观点由精神分析学家桑多尔·费伦齐（Sándor Ferenczi）提出。我们必须知道，即使是不称职、忽视子女的父母，孩子也会对他们产生情感依恋。孩子在成长过程中需要在情感上依附照顾者，因此即使遭受父母虐待，孩子仍会爱自己的父母。这时就会发生戏剧性的事情。孩子爱自己的父母，孩子的成长需要父母。然而当孩子深爱的父母伤害了自己，（比如羞辱甚至体罚）那么他们有两个选择：一个是确认自己经历着创伤，明白父母在残忍地对待自己，这意味着孩子失去了对父母和亲情的信任；第二个选择是孩子在心理上产生了一种"割裂"——他们将自己的创伤经历和巨大的精神痛苦进行分离，否认创伤的存在，以此让自己对具有攻击性的父母继续保持情感依靠，这就是认同攻击者的心理机制。年幼的孩子以否认内心的真实体验为代价，把作为攻击者的父母仍然看作自己成长之路上的守护者。

这种机制解释了为何曾经受到父母伤害、忽视甚至虐待的孩子有一

> 天会以同样的方式伤害自己的孩子。
>
> 　　为什么我们需要明白这一点？首先，了解这种心理机制是防止错误的育儿模式出现代际传递的第一步，也是必不可少的一步。其次，如果你目睹了父母伤害孩子的情况，（无论你同为父母，还是身为老师、邻居或其他成年人）请尽一切努力阻止这种行为。只要能认识到问题的存在，并尽力阻止问题的发生，就可以避免孩子受到严重的情感创伤。

都是父母的错 —— 实际上并不是！

　　从表面上看，似乎代际传递说的就是我们的父母的错，一切都是他们的错。但是，当我们深入研究该理论时，情况又完全不同。即使我们以最复杂的代际传递事件——那些涉及父母伤害孩子的案例——为例进行研究，我们也可以看到，该理论的出发点是鼓励我们理解父母，理解他们所处的"位置"，不要带有任何批判的目光。

　　因此根据该理论，伤害孩子的父母（他们的孩子长大后也成为父母）——现在是祖父母——其育儿模式问题最为严重。与其责怪父母，不如开阔视野，以同理心和同情心看待父母，尝试了解他们这样做的原因。正如我之前所说，认识到代际转移是摆脱和纠正问题过程中第一个也是最重要的部分。

结语

　　我们过去所经历的育儿模式有时会"遗传"到我们如今的育儿过程。这个过程称为代际传递。你发现自己责怪孩子时的语气和母亲当初责怪你的语气一模一样，或者当孩子玩闹时太大声，你会对他们发脾气；这些都是因为勾起了你过去的经历，触发了你的行为模式。

　　代际传递既包括我们经历的正面的育儿模式，也包括负面和复杂的育儿模式。它与我们小时候父母与我们的相处方式、他们如何看待我们的内心世界，以及他们在我们生活中的陪伴质量都息息相关。

　　父母经常发现自己沿用了错误消极的育儿模式，并且对此感到非常内疚和难过。幸好心理学并不仅仅局限于认识这一错误的心理机制，而是旨在更深入地探索如何摒除错误消极的代际传递。有效的解决办法当然存在，下一节将围绕这个问题展开叙述。

25

直面过去：父母的错不应成为我们的错

忘记过去的人必会重蹈覆辙。

—— 乔治·桑塔亚那（George Santayana）

在前一节中，我解释了父母在育儿过程中有意无意地沿用了自己小时候接受的育儿模式。

如果你在积极的家庭氛围中长大，童年也比较开心幸福，那么不用太担心这种情况。但是那些童年经历过创伤的父母会怎样呢？比如那些其"父母"对自己过分严苛，甚至导致心理创伤的父母？我们如何才能避免沿用或"继承"错误消极的育儿模式？

对于这一宏大的问题，我可以用一句话回答：以开放的心态审视我们的过去，以合乎逻辑的方式对自己诉说过去的故事。心理学专业术语叫作"创建具有连贯性的人生故事"。听起来是不是很抽象？阅读本节你就会明白其中的重要性，以及我们如何才能做到。

诉说过去的故事 —— 为何如此重要？

父母总是有意无意地沿用自己小时候接受的育儿模式，这种惯性很难改变，不过仍有父母能够克服重重困难做到这一点。

很多研究人员和心理治疗师希望了解这些父母是如何做到的：是什么让这些父母没有重蹈覆辙？关键原因在于，这些父母能够以具有连贯性的方式向自己诉说过去的故事。研究表明，能够以具有连贯性和内在逻辑（什么导致什么）的方式讲述自己童年故事的父母，可以"释放"过去经历的"恶魔"，因此不会沿用他们曾经接受的错误育儿模式。这与那些经历过童年创伤但无法回忆过去、梳理过去的父母形成了鲜明对比：他们无法弄清楚自己的童年究竟发生了什么，为什么这些事件会发生。

这里需要说清楚，具有连贯性的人生故事不是凭空想象的，而应是真实的、不会被忽视的故事，只有真实的人生故事才有意义。这样的故事通常饱含对父母的同理心，以及对父母当时处境的理解。有些人虽然经历过创伤，却没有好好审视过自己的创伤经历。

我们无法改变过去

"每次我考试考砸了，爸爸就揍我。"

"我一惹妈妈不高兴，她就离开家。我不知道她什么时候会回来。"

如果你的童年经历过创伤，你可能会问自己究竟如何回忆自己的过去？毕竟一切都已经改变，回忆只会让我们感到更加压抑和失望。也许你是对的，你并不需要总是回忆遥远过去的创伤，有时最好忘记。（参见第208页框内文本）但是，如果你觉得过去的包袱对你的育儿方式产生了负面影响，那么摆脱它的有效方法就是回忆过去发生的事情，弄清楚当时发生了什么，将其融入你的人生故事中。这就是我想在这个问题上传达的主要信息：虽然过去发生的事情无法改变，但回忆可以让我们对这些事情产生新的理解。回忆的过程能够让我们将这些过去的事情纳入如今对生活的见解中，以此减轻过去对我们现在的负面影响。

举个例子，一个曾经被父亲殴打的男子回忆起痛苦的过去，并进行沉思和审视，逐渐得出以下结论：

我的父亲不是坏人，他内心深处觉得打孩子就是教育子女的方式。过了很多年我才知道，我的父亲在五岁那年就失去了他的父亲，没有可以一起聊天、玩耍和"陪伴"的积极的父亲榜样。现在每当我想到他，知道他已经尽力了，就不会对他抱有更多期望。我和父亲还有很多美好快乐的时刻，而且当我真正需要他的时候，他会竭尽全力帮助我。

我们在回忆童年往事时，可以将那些痛苦经历"搁置"一旁，不让其影响或破坏我们的育儿模式。换句话说，尽管过去的经历令人难受，而且——毫无疑问——可能对我们的育儿产生消极影响，但是这并不会决定我们的命运或未来。如果我们能将回忆形成有逻辑的、连贯的故事，这样就可以更好地理解我们的过去和父母当时的立场，过去的痛苦回忆就不会对我们的现在产生消极影响。相反，我们可以将这些事情搁置一旁，朝着成为理想中的好父母而努力。

从内心深处理解父母

在前面的章节中，我介绍了心智化的概念，以及它在育儿中的核心作用。心智化就是我们从内心深处理解周围人的能力。在育儿方面，心智化指的是我们对孩子的好奇心，想去了解孩子的内心世界和情绪感受。

在回忆过去、重建人生故事方面，心智化的作用又有所不同。这里心智化指的是为人父母的我们能够从内心深处理解自己的父母，主要表现为：以开放和客观的角度看待父母；理解他们，而不是责备或生他们的气；带着好奇心了解父母；意识到父母也是人，他们的行为也是受到自身生活环境的影响。我在上一节也提到过，大多数情况下，责备父母是没有意义的，无法解决问题。与其责怪父母，不如以同情、理解和接纳的眼光看待他们。只有这样我们才能放下愤怒，而不是继续沿用错误的育儿模式。

令人痛苦的童年经历 —— 压抑还是回忆？

众所周知，童年创伤常常被压抑或变成潜意识。如今，专业人士倾向于认为，只要能够完全压抑童年创伤，就不一定产生负面影响。也就是说，如果一个人完全压抑了童年创伤，没有受到创伤的影响，过着充实的生活，那就没有必要提起那些痛苦的回忆。然而，有些声称已经压抑了童年创伤的父母，仍然会受到这些创伤的影响。他们对孩子发火、冷暴力、不尊重，甚至还有不可名状的情绪失控。在这些情况下，似乎人们无法摆脱过去的创伤，也无法从不同角度审视这些痛苦经历。

我们需要知道这些情况与神经科学有关。美国精神病学家丹尼尔·西格尔就这些问题做了大量研究。在本书第7节我提到了他的"积极路线"和"消极路线"。西格尔在研究中发现，我们的愤怒和失控行为通常由大脑活动的"消极路线"引起。在许多情况下，这往往与没有得到适当处理的童年创伤有关。我们的育儿目标之一就是尽量采取"积极路线"，而不是"消极路线"。研究人员和心理治疗师认为，回忆过去的经历并将其构建成一个具有连贯性且合乎逻辑的"故事"，同时结合我们对这些故事的理解，可以防止我们沿用错误的育儿模式。也就是说，我们应采取"积极路线"。

如何构建具有连贯性且合乎逻辑的人生故事？

现在提出一个价值百万的问题：我们要怎么做？如何构建这样一个能让我们摆脱童年阴影的人生故事，让我们不再在下一代身上重蹈覆辙？过程虽然很复杂，但我们是可以做到的。这里可以介绍一些原则帮助你解决这一问题：请注意，你的过去（童年时期）和现在（为人父母）所适用的原则是不同的。

注意育儿过程中的失败之处

从你和孩子的日常生活开始，请留意你是否有以下反应：容易发怒；孩子惹你生气时，你会对孩子冷暴力；过度保护孩子；打孩子。当你意识到自己有类似的行为模式时，请深呼吸，告诉自己"我又这样了"，然后扪心自问——为什么会这样？是否由于过去的某种经历导致你出现这样的行为？

在愤怒和最终爆发之间"留白"

痛苦的童年经历令我们难以自持，导致我们以失控的态度和行为对待孩子。这种情形是不健康的，我们必须克服。我们要学会如何在感到愤怒和对孩子发火之间创造"留白"。在对孩子发火前停下片刻，深呼吸，体会愤怒时身体里发生的变化——所有这些都可以帮助延迟和减轻我们的过激反应。（见第 208 页框内的文字和第 19 节关于正念的内容）当我们冷静下来，明白情绪失控是自己的问题，与孩子无关时，我们就会以更为清醒理智的方式应对当前的情形。

在包容和支持的氛围中回忆痛苦的过去

为人父母过程中的失败会让我们想起曾经经历的痛苦过去。这个过程可能很艰难。在开放和包容的氛围中回忆这些过去的故事，可以让我们认真审视自己的过去，并将这些故事融入自己的人生故事中。有些人可以自己做到这一点，有些人需要亲密朋友或伴侣的支持才能做到。如果你背负着过去沉重的包袱，可以选择寻求专业人士进行心理咨询。

回忆童年时期积极的经历和善良的人

在前一节中，我提到了"托儿所中的鬼魂"这一概念，意思是过去的痛苦经历对我们的育儿产生了负面影响，导致我们沿用错误的育儿模式。但是，我们所"继承"的除了过去的创伤，还有积极的经历。我们过去曾遇见过一些积极善良的人，他们犹如"托儿所中的天使"，爱着我们，尊重我们。如果你的童年确实经历过阴暗消极的事情，那么请努力记住童年回忆中美好的那部分：和父母一起度过的美好时光，还有那些信任、关爱你的人，比如你敬爱的小学老师、青年协会的主席、完全接纳包容你的祖母或是你的高中校长（虽然严厉，但让你感到自己是有价值的）。回忆这些童年时期对你产生积极影响的人以及快乐的时刻，也有助于我们构建连贯完整的人生故事，摒弃错误的思维模式。

请记住你的父母不是你今天要成为的父母

我们付出了太多努力，真的很不容易。我们时常发现自己仍在沿用上一代的育儿模式——对孩子采取攻击性或冷漠的态度，过于挑剔、不尊重——"*我们已经多次向自己保证不会再这样了！*"

这时你需要知道，尽管我们有时仍会犯错，但你不是你父母的副本。你们属于不同的时代，生活的环境和处境也不同，而且你能够意识到自己的错误——这是纠正和摆脱很多错误的重要一步。（"我又一次无缘无故地对孩子们大喊大叫，只是因为他们玩耍时太吵了，还把家里弄得一团糟。我不喜欢家里有噪音，这可能是我童年时期的'恶魔'，我母亲也是这样。我必须放下执念，让孩子快乐地玩耍。"）

不要过度"挖掘"自己的过去，没有人是完美的

我们可以审视自己的内心，但不要过度。自我意识很重要，但过度的自我意识和过度审视我们的育儿实际上弊大于利。所以如果你觉得自己可能有点过度内省，那么最好放松下来，抛开怀疑、内疚和自我批评，做一个更冷静、更随和的父母。

最后，你要一遍一遍地告诉自己，没有人是完美的。幸运的是，我们的孩子只会受益于真实的父母（不用很完美），一个发自内心地爱孩子，但也会犯错（有时会大喊大叫、情绪失控、责备孩子、过度保护，或者冷暴力）的父母。

所以，如果你犯了一个错误，如果你的童年"恶魔"强迫你做一些本不想做的事情，请把"恶魔"放回瓶子里，在必要时向孩子道歉，原谅自己，还记得前面说过的自我关怀吗？

结语

你可能已经读完本节，但还是很难理解全部内容。有些父母与本节主题并不相关，如果你是这样的父母，那就太好了，你很幸运。

如果读完本节后，你觉得与自己的情况十分相符，那么再读一遍，牢记重点：虽然你经历了令人难过的童年，而且你如今的育儿模式也受到了负面影响，但这并不代表你的育儿模式注定失败。将过去的经历串起来，形成连贯、有逻辑的人生故事，以包容和自我关怀的态度进行审视，可以减轻你遭受的负面影响。你的人生故事逻辑性越强，你就越能够自由地抛开过去的包袱，重塑属于你自己的育儿模式，这对于你和孩子的幸福都十分重要。

第三部分

不同情况

特殊情况下的育儿

在本书的第一部分，我们确定了育儿目标，开始了育儿之路；第二部分我们以育儿为中心，告诉自己要享受其中；而在这一部分，我们将沿着育儿之路，前往已经到达但还未探索过的其他目的地。

本书的第三部分讲述的是生命特殊时期的育儿之道。

第 26 节将会涉及如何教育处于青春期的孩子，我们早晚都要面临这个阶段的孩子。作为青春期孩子的父母，我们的育儿之道需要面临额外的挑战。以至于我们有时甚至需要重塑自己：学习一门新语言，解决我们以前从未遇到过的情况。我们知道育儿之路不会很无聊，但却也从未想到育儿竟然如此有趣！

以下两节涉及我们未曾计划前往的目的地：第 27 节与离异父母有关，（其中有些见解一定会让你跃跃欲试）第 28 节则围绕养育有特殊需要的孩子展开。这两个目的地完全不同，也都未曾在我们初为父母时的目的地清单之列。然而，就像旅行一样，我们每次的行程不一定都是预料之中的。从确定这些目的地的那一刻起，我们就必须为自己配备所需的一切，这样才能成功地导航。

不论你是青春期孩子的父母、离异父母，还是特殊孩子的父母，欢迎你走上育儿之旅，请根据个人情况选择适合你的章节。

那么其他父母呢？我在本书前言中写过，即使不属于这些独特的父母群体，本章节内容也会让你感兴趣。也许你能在这些章节中找到可以添加到自己的育儿之旅的元素，我们一起来寻找答案。

26

青春期：让人恐慌还是令人期待？

当我还是个 14 岁的男孩时，我的父亲非常无知，我几乎不能忍受他在我身边。但当我 21 岁时，我惊讶于他在这七年里学了那么多东西。

——马克·吐温

关于青春期的孩子，还有什么没有被写过？还有什么是你没听说过的？

你可能看过或听说过这个年龄段的孩子是多么恐怖，（"这完全就是一场彻头彻尾的噩梦"）抑或是搞不懂父母对此大惊小怪些什么（"青春期实际上是一个非常令人兴奋的年龄，看着他们长大成人是一种乐趣"）；可能遇到过一些父母告诉你"现在的孩子八岁就开始青春期了"，还有父母说"三十岁还没有结束青春期……"

父母对于青春期的孩子众说纷纭，你的观点是什么呢？你担心什么呢？你的孩子在青春期是怎样的表现？（*如果孩子还没到青春期，不妨想象一下孩子那时候会是什么样？*）另外，请认真回忆：你自己的青春期是如何经历的？是一场噩梦吗？还是轻松地度过？你是否"跳过"了青春期，现在后悔了？还是说，你曾是一个叛逆的青少年？作为父母，你是否担心你的孩子的青春期？我们如何在这一重要成长时期与孩子相处？

青春期 —— 一个新词

你知道"青春期"这个词其实并没有出现很长时间吗？当今社会认为孩子是高度依赖父母的，成年人是独立的，而青春期就是介于两者之间的阶段，是一座连接童年和成年的桥梁。在 19 世纪末以前，儿童一直被当作廉价劳动力，他们的作用就是迅速长大成人，投入工作。女孩一般在 14 岁或 15 岁时结婚，而同龄的男孩就开始工作。儿童似乎"一下子"就成了成年人——为社会添砖加瓦的成年人。后来出现了一种观念，即儿童应该接受教育、建立自我价值，这时"青春期""青少年"就出现了。

你好啊，青春期

刚刚发育的乳房有点令人尴尬，还有点痛；他正在经历变声期，说话音调时高时低；他总是很饿；她用钥匙锁上了卧室的门（你几乎都没注意她的卧室还有一扇门）；你不可能知道她今天醒来时的心情；他突然对很多事情发表了很多想法——他什么时候变得这么知识渊博？青春期如此短暂，经历的变化却如此之多！

青春期确实为孩子带来了很多方面的变化。这些变化可以分为四个方面：身体、情绪性行为、认知和社交。每个方面涵盖的内容之广，几乎都可以单独写出一本书，所以这里我只依次介绍青春期的几个主要变化。

认知方面：转变看待事物的方式和视角

青春期的主要特征之一就是青少年对自己和整个世界的看法发生了改变。处于青春期的孩子可能会对各种问题产生兴趣，并有了自己的看法；而另一方面，额头上突然冒出的一个小疙瘩就可能会破坏他们的情绪，让他们一整天都萎靡消沉。

这个年龄段要面临的一个困难就是"想象中的观众"。青春期的孩子感觉每个人都在看他们——对他们的眉毛、眼睛和额头上的青春痘指指点点。这种现象表明了青春期孩子以自我为中心的思维模式，好像自己是宇宙的中心。这时我们需要把他们从这种思维模式中拉出来，转变他们看待周围事物的态度和视角（参见本节的后半部分）。在这个过程中，孩子可以享受思考的快乐，变得更加健谈，更有幽默感，拥有自己的观点和价值观。

社交方面："和其他人一样"，但同时也是"最独特的"

青少年需要明确他们的身份认同，发现真实的自我。他们的社交圈（孩子的同龄人）变得至关重要，因为孩子与同龄人进行比较，然后严苛地评判自己。你可能已经注意到，这个时期父母在孩子眼中的重要性逐渐降低。毕竟在此之前我们一直是他们情感"补给"的重要来源。

孩子青春期的头几年通常希望自己"和其他人一样"。因为他们的同龄人倾向于排斥任何他们认为不同的人：兴趣不同、外表不同、行为不同、性别认同不同等。你需要知道，这段时期对所有青春期孩子来说都是艰难的，对于其中一些孩子来说更是噩梦。因此，你应该注意孩子的行为和情绪，对他们的负面情绪保持警觉。（更多信息请参阅本节后半部分）

在青春期的后半期（16岁左右），孩子的自我意识趋向于连贯和稳定，他们的同龄人对于不同的人也表现得更加开放和接受。而且在这个时期，"与众不同"的人变成了"特别的人"。这种状态很有价值。很多在青春期初期遭受心理痛苦的孩子，在稍微成熟时才真正找到了自我。记住这一点很重要。对于某些青春期孩子来说，这是一个莫大的安慰。

情绪性行为方面：窗口机遇期

处于青春期的孩子会在其情绪性行为方面表现出巨大变化。神经科学研究表明，孩子在青春期，尤其是头几年，其大脑形状和功能会发生巨大变化——

这些变化与婴儿在出生后第一年经历的变化类似。因此这几年对于青少年来说就是重要的窗口机遇期——孩子可以在这一时期重塑自我，成为他们想成为的人。青少年可以充分利用这几年光阴来告别害羞，发展独特个性，成为领导者，在学校或社交生活中投入更多精力。我们作为父母应该在这方面支持孩子，帮助他们成为想成为的那个人。这确实是一个令人心潮澎湃的窗口机遇期。

激动人心的特别时刻

可能你确实听说过各种关于青春期的负面信息，但对于你的孩子来说，青春期是一个神奇的时期。满怀担忧地进入青春期毫无意义，也无须谨小慎微或过于严厉。与此相反，你应该本着游客心态，就像去一个民风善良、风景宜人的国家旅游一样，陪伴孩子进入青春期，并在这一过程中保持好奇，愿意学习和探索，享受与孩子同行的旅程。这段旅程会非常奇妙，即使途中你们会遇到各种挑战。在面临困难或挑战时，你要知道，孩子一定比你更步履维艰，但尽量不要让"困难"成为孩子整个青春期的基调。

我在本书的第一部分详细阐述了我们的"育儿目标"，尤其是养育"人"的目标。毫无疑问，青春期就是育儿过程中一个重要而有意义的里程碑。孩子没必要"完全像我们"；他们应该完全像他们自己，具有自己的个性特征和行为模式。为了让孩子能够找到自己内心的声音，形成独特的自我，我们最好不要与他们进行权力对抗的游戏。父母的权威很重要，但我们不能将其作为一个实际目标。不是每件事都需要争论，也不是每次争论都必须以我们占上风而告终。我们可以更灵活些，允许自己被说服，甚至认输。

比较危险的年纪

无谓的担心是没有意义的，但我们还是要意识到这个时代可能带来的危险。这里只说其中一部分危险。孩子进入青春期之前，大部分时间都在你的监护之下，一切（或者至少大部分）事情都由你掌控。孩子青春期的特征之一就是希望与父母保持距离，独立体验各种经历。像我之前所说，在这个年龄段，孩子的同龄人可能会对你的孩子产生巨大影响。这让很多父母感觉自己好像失去了对孩子的控制，这种失控感让他们害怕。

今天的青少年面临着许多危险和诱惑：酒精、香烟、毒品、电动车、踏板车、不安全的性关系、社交媒体中的各种危险、电子产品上瘾……而这些危险和诱惑在我们那个年代都不知道为何物。这一切随时随地都有可能发生，比如我们的家门口、楼下的操场、去学校的路上、社团里，甚至是孩子的卧室。

青春期也是心理问题的高发阶段。首先就是抑郁症、饮食失调和自杀倾向。虽然大多数青少年不会经历这些严重的心理问题，但我们不能忽视这些心理问题的危害，尤其要留意孩子的负面情绪。

那么负面情绪有哪些表现呢？其实分辨孩子的负面情绪并不容易，因为"正常"青少年也有负面情绪。不过你可以通过孩子出现负面情绪的次数，以及他们的整体健康状况来判断。特别要注意这些迹象：情绪的极端变化，食欲和睡眠习惯的变化（不管是过多或过少），对曾经觉得愉快的事情缺乏兴趣，与社会隔绝，对世界的看法比较悲观，有过想死的念头，任何形式的自残倾向，以及其他危险行为。

如果有疑问，请不要犹豫，去寻求专业咨询。在平时生活中，你需要多跟孩子交流，询问他们是否需要帮助，与学校相关负责人保持联系，获得有用的建议（更多信息请参阅本节后半部分内容）。

作为父母，我们能做什么呢？

我们的孩子在不断成长，我们也应该与他们一起成长。这个过程无疑是育儿之旅中奇妙而难忘的部分，但同时也是我们生活中争吵和冲突的来源。这个过程在不断发展、不断变化。当孩子进入青春期时，我们必须改变"操作系统"，找到最适合我们的育儿风格和基调,重新定义优先事项。

下面我会介绍一些行动原则,帮助你度过这个复杂而美好的时期。不过你需要根据孩子的个性、特征和年龄对这些行动原则进行相应调整,而不能全盘照收;毕竟抚养12岁的孩子和抚养已经学会开车的17岁青少年的方式是不同的。

适当放手,但不要不管不问

我在前文中写道,养育子女在很大程度上是一种寻找平衡的艺术——在亲近与距离之间,还有保护与放手之间。在孩子青春期时,这种平衡尤为重要。

你必须学会如何适当放手。你要相信孩子已经有了自己的判断力;你要相信他们会没事的,他们不会轻易忘掉你多年以来传输给他们的价值观。适当放手并不意味着你对他们不管不问或放弃边界。你给予了孩子更多自由空间,看上去边界似乎扩大了,但它仍然存在,并没有消失。边界必须存在,尤其当你的孩子处在青春期时。

所以,允许他们出去玩,但要求确切地知道他们要去哪里;孩子越来越爱自我表现,但不要让她对你顶嘴;保留你对他们个人着装风格的看法,但有时候有必要留意孩子的裙子或破牛仔裤的长度。

不要放弃与青春期的孩子进行公开谈话

虽然孩子表现得并不想和你说话,但其实他们非常希望与你进行开放的沟通,希望你充分参与他们的生活。许多青春期的孩子认为自己的经历是独一无二的,没有人体验过他们的感受,没有人能够理解他们。你要让孩子知道事实并非如此,你可以理解他们的感受和他们的内心世界,这对于孩子来说是一种灵魂上的抚慰。

当孩子决定告诉你一些事情,有时甚至是"可怕的"事情(**"和我同龄的**

很多小伙伴都吸烟""*我所有的朋友都在疯狂减肥*")时，在做出任何反应前，请先认真聆听，然后感谢他们与你分享这些事。因为这些并不是孩子必须要告诉你的。另外，你需要知道，你对他们告诉你的第一件事的反应将决定他们是否会第二次、第三次或第四次与你分享某些事情。太容易被"吓坏"、反应太强烈的父母，可能会变得"无关紧要"。你的孩子正值青春期，他们有权自主决定与你分享他们的事情，或者完全不告诉你。同时，孩子告诉你的某些事，你可能无法完全对此保持沉默。这时你必须学会坦诚倾听，同时有效且清晰地传达你认为重要的信息。很多时候，不要立即做出反应反而更好。让事情自然而然地发生，不要去干预。和你的伴侣、朋友或学校辅导员谈谈，然后再给出你的意见，以这种节制和冷静的态度面对孩子的分享，你将会成为孩子的榜样。

如有必要，和孩子朋友的父母聊聊

智能电子产品为我们提供了很多便利，其中最显著的就是让我们能够与几乎不知道姓名的陌生人进行简单而轻松的交流。如果你能时常和孩子朋友的父母聊聊，可能会在关键时刻起到作用。比如，与孩子朋友的父母沟通可以让你们共同讨论、协调孩子们的宵禁规定，确保他们不会陷入危险之中，分享双方孩子的重要信息等。如果你看到儿子的一个朋友行为极端，具有危险性，一定要立即告诉他的父母。如果你的女儿可能处于危险之中，请向女儿的朋友以及他们的父母打听消息，你会发现从他们那里得到的信息可能非常重要。

帮助青春期孩子保持适当的情绪配比和开放心态

青春期是一段充满情绪风暴的时期。我们不得不接受现实：有些时候会碰到倒霉事。女儿的男朋友甩了她；儿子的驾照考试又没过；尽管付出了巨大的努力，女儿还是没有被选中参加学校代表团；有人在社交媒体发布了关于孩子的坏话……让人心烦的事情层出不穷。但你需要让孩子明白，这不是"世界末日"。告诉他们要放远眼光,不好的经历都是暂时的,终究会过去,保持乐观态度和适当的情绪配比。

与孩子谈论安全性行为和健康的性观念

很有可能你的父母没有和你谈过这件事,你可能以为孩子已经知道所有需要知道的一切……但是他们真的不知道,或者他们所"知道"的大多都是扭曲且不正确的,你需要和孩子(不管是儿子还是女儿)就这一话题好好聊聊。另外,如果孩子没有从你这里了解相关信息,那你就永远不知道他们到底知道什么、不知道什么。你和孩子在性方面的沟通具有重要意义和价值,而且你们之间关于这种敏感话题的"开放型沟通方式"也会让孩子受益匪浅,你必须保持下去。

以下是你应该告诉孩子的:如果双方对彼此产生情感依恋和激情,就意味着性冲动。过去我们常说"相互同意",但现在我们意识到同意这个词是多么的难以捉摸——所以最好用"激情"来形容。你还应该让他们知道,性行为属于个人隐私,在任何情况下都不应该被拍摄。需要强调的是,不管是男生还是女生,性绝不是某种"身份象征"。进行性行为必须使用保护措施。在网上输入关键词"安全性行为"进行搜索,可以找到更多相关信息。

随着孩子成长,他们会将你视为他们与外部世界之间的"中间人"

在孩子还小时,你告诉她"不行"就够了。有时候可能要多说几次,或者提高音量,但依然奏效。不过如果现在你对已经17岁的孩子说"不行"(*"你不能和那个男生出去;你不能戴鼻环;你不能穿那件丑衣服出去"*),无论你是否"赢"得这场争执,你和孩子都会"输"掉许多东西。两败俱伤,谁也不想看到这个结果。在青春期的后期,你还需要告诉孩子一些必须记住的事情,比如:*"骑车必须戴头盔""如果你要喝酒,就不能开车""你永远不知道你在聚会上喝的酒是从哪里*

来的",以及其他要求。如果你站在"中间人"而不是最后做决定的人的立场,那么你和孩子就能保持和谐关系,并从中受益。与孩子交谈,了解他们的想法,解释你的立场,说服他们,也允许他们试着说服你,最后让他们做出选择。即使你认为这最终可能是一个错误,但只要代价不至于太大或导致危险,也还是值得让孩子自己做决定。最后,他们很快就会达到不需要征求你的同意或建议的年龄,但你依然会想成为他们了解外面世界的"中间人",就算他们已经18岁了。

保持适当的情绪配比,从全局视角看待你的孩子

我在前面几节说过,情绪风暴具有"传染性"。但你的孩子完全不希望你被他们的情绪"传染",甚至和他们一同陷入情绪旋涡。保持适当的情绪配比和开放心态非常重要。你要记住,冲突只是暂时的,困难终究会过去。告诉孩子再过几年他们就会从青少年成长为年轻的成年人了。还是如我之前所说,保持开放心态,以节制和冷静的态度面对冲突。

如有必要,请立即寻求帮助!

有时候事情会变得非常复杂,超出你的想象。比如,孩子处于危险情况或状态不佳;或者你们之间的沟通存在隔阂,你担心孩子走上歪路。这时,你应该主动联系学校辅导员、孩子的老师和专门解决青春期问题的心理学家。不要独自陷入担心、焦虑的心境。就算孩子没有参加心理治疗,你向专业人士寻求建议也可以在很大程度上改善这些状况(参见第31节内容)。

如果孩子已经开始接受心理治疗,那么你作为父母也需要参与其中。我们需要明白这一点。有时我们认为孩子年纪已经足够成熟,需要隐私和独立空间,似乎他们需要的是完全保密。这是我们从成人心理治疗案例中得出的结论。然而,如果完全没有父母的参与,这种青少年的心理治疗实际上弊大于利。因为

与你的孩子有关的大部分事情与你也密切相关。如果心理治疗师向你正处于青春期的孩子保证父母完全不参与治疗过程，那么有些冲突反而可能会加剧，根本起不到帮助的作用。作为孩子的心理治疗师要比成为他们的父母容易得多。我们不妨从心理治疗师的角度来看待这个问题：青少年心理治疗从来不是一件易事，而且十分复杂。所以，除了在极端和特殊情况下（如父母疏忽或无法照顾孩子），青少年的每次心理治疗都应该与心理学家和两位父母一起进行开诚布公的沟通。你需要努力为孩子参与心理治疗找到合适的平衡点和模式。

结语

青春期既充满挑战、令人烦恼，又精彩美妙、激动人心。在这个阶段，孩子开始经历巨大的身心变化，这些变化将会塑造他们成年后的形象；虽然有时他们不会选择你与他们一起旅行，但仍然需要你的持续陪伴，甚至比以前更加需要。

你需要了解这个时代的很多特征及其对青少年的影响，与孩子保持开放的沟通方式，还要给予包容和耐心。如果能做到这些，那么你和孩子都能快乐平顺地度过这一时期。

27

离异父母：糟糕的伴侣未必是糟糕的父母

你从来没有想象过你会离婚，做梦都不会想到。当和伴侣一起在婚礼上接受人们的祝福时，没有人会料想到这个结局。

在大多数西方国家（以及其他国家），统计数据表明有 25%~50% 的已婚夫妇会分居，而他们中的大多数人以前从来没有过分居的念头。然而一切都会改变，你们最终选择了分开，分开后过得更好。但是只要你们有了孩子，就意味着你们无法彻底分开。

最近这些年，社会对离婚的看法发生了很大变化。在过去，离婚被视为禁忌，夫妻"为了孩子"不得不在一起凑合过日子。而在前些年，离婚已经被大众所接受，甚至变得普遍。当一对夫妻整天吵架，已经到了无法忍受共同住在一起的地步时，他们知道如果离婚，各自幸福，这样对孩子会更好。

虽然离婚已经较为普遍，但真正处理起来仍然非常棘手。如今我们仍然倾向于认为离婚对孩子的成长不利。首先，我需要指出，在"压力性生活事件量表"上，离婚被列为第二大压力源头，仅次于失去亲人。其次，研究表明，父母离异的孩子出现某些问题的风险更高，如行为问题、学习成绩下降、自我形象受损等。

为什么要写下这些？我并不是要用这些数据和研究吓唬你或者让你感到压抑，我完全不是这个意思。首先，我写这些内容是为了让你知道你和孩子在离婚问题上所经历的痛苦和挣扎是正常的，也是可以理解的。离婚是一件复杂的人生大事，需要时间去适应。本节内容的重点是，虽然离婚可能会对孩子产生负面影响，但这些苦难并不是注定发生的，你可以做很多事情来改善离婚后孩子的情绪状态。必须认识离婚可能伤害孩子的"影响途径"。

父母离婚对孩子的伤害

目前主要有两种心理机制分别从不同角度解释了离婚对孩子的负面影响。

一种心理机制是累积压力模型（Accumulative Stress Model）。这个理论模型指出，父母离婚会让孩子面临很多压力源，这些压力源不断累积，对孩子造成伤害。一些压力源甚至在父母分开之前就开始影响孩子，比如家庭生活压力过大、冲突、父母吵架等。除了家庭内部关系的实际变化之外，父母离婚还会使家庭面临经济风险，影响个人生活和工作。离婚也会带来其他可能的变化，诸如搬家、转校、适应父母新的交往对象等。这一理论解释了孩子遭受的各种压力一直处于不断累积的状态。如果我们能意识到这一点，尽可能地减少给孩子带来的压力，那么离婚的负面影响才有可能得到控制。

另一种心理机制通过依恋理论来解释离婚对孩子的负面影响。父母离婚会损害孩子的"安全基地"，而这种安全感是通过他们与父母双方持续的、有凝聚力的接触而产生的（参见第3节）。孩子面临失去和分离的巨大恐惧，其对于人际关系的看法也有可能遭受损害，甚至担心自己不值得被爱。如果父母中的一方在离婚后切断与孩子的联系，保持疏离状态，那么更会加剧孩子的负面感受。在这种情况下，了解离婚后的影响和风险可以指导我们更好地处理离婚问题。所以你需要告诉孩子，他们仍然可以与父母双方保持联络，而且重要的是要让孩子明白，父母的离婚不是他们的错。

两条保护孩子的重要原则

关于父母离婚后如何促进孩子的心理恢复和健康成长，有两个重要原则：

降低离婚后你和前任伴侣之间的敌意程度。

你们双方需要和孩子继续保持联络和沟通。

我将详细阐述这两个原则。

原则一：你们已经离婚了，不是吗？那就别再吵架了！

听上去似乎很简单，但其实非常重要。很多夫妻离婚之后还是不停地吵架，这样只会让他们和孩子遭受二次伤害。而且由于法律和官司的性质，离婚案件最后必定产生"赢家"和"输家"，这样也会加剧对孩子的伤害。但是人与人之间的关系，包括分手的伴侣，是没有"赢家"和"输家"的。人际关系中只有"共赢"，反之就是两败俱伤。我对此深信不疑。

请自己想一想。离婚是改善自己的处境，摆脱消耗你的关系。当你强忍怒火，仍对前任伴侣充满敌意时，其实是在阻碍自己迈向安静轻松的新生活。即使这个原则不太容易理解，你也还是应该朝着这个方向去努力，你最终会从中收获很多。

请每天告诉自己，孩子需要爱他们的父母——即使他们的父母已不再相爱。摆脱对前任伴侣的负面情绪，与对方建立适当、健康、尊重的关系，对于你们双方和孩子都很重要。要做到这样很难，但值得尝试。

原则二：是你们互相分开，而不是你们和孩子分开！

只有在少数极端情况下（如父母虐待孩子或者养育能力很差），这项原则才无法适用；但大多数情况下，除了减少对前任伴侣的敌意之外，这项原则对于维持与孩子的持续沟通同样重要。

父母离婚让孩子对家庭、母亲和父亲的信任基础轰然坍塌。因此，为了最大限度减少离婚对孩子造成的伤害，我们要与前伴侣和孩子都保持持续沟通，维系积极健康的关系，尤其是享有"共同监护权"的离异父母。如果你和前伴侣不享有共同监护权，那么以上这点主要针对无法享有单独监护权的一方（通常是父亲）。如果离婚后，你不能再和孩子住在一起，那么请尽一切努力与孩子保持持续的沟通。与此同时，享有单独监护权的那一方家长（通常是母亲）应该允许和鼓励孩子与另一位家长保持联系，不要破坏他们之间的情感联结。

为了和孩子保持长久且有意义的交流，你们需要建立一套行事规矩。有时会出现一些情况，导致父母无法遵守这些规则，比如父亲搬到了很远的地方，回来看望孩子不是件容易的事，或者孩子们长大后，要上课外班、认识新朋友、复习期末考试等（*"很遗憾，你的芭蕾课正好在父亲节……"*）。这些时候，你别无选择，只能学会变通，灵活处理需要做的事情。但是总之要记住，离婚后一定要与孩子保持沟通。毕竟与你离婚的是你的伴侣，而不是你的孩子。

互相减少敌对情绪和离婚后与孩子保持沟通，这两个原则将促进孩子情感能力的发展。同时，你还需要考虑其他可实施的指导原则。每个原则都与育儿本质存在联系。

你们已经离婚了，不是吗？以下是你应该遵循的一些额外原则
不要让孩子成为你们两人之间的"传话筒"

你们仍是孩子的父母，所以不可能完全切断你们之间的交流，那么就得找到有效的沟通和合作方式。你们不能把孩子当作"传话筒"，（*"告诉你爸爸别再那么抠门了，你的牙齿治疗需要他付钱……"*）也不能把孩子作为你和前伴侣之间的"情报人员"。（*"你妈妈开始和别人约会了？"*）

如今的沟通方式数不胜数，除了借助电子产品沟通之外，建议你们偶尔坐

下来喝杯咖啡，面对面交流。如果你无法做到，可以邀请心理咨询专业人士一同进行交流。健康持续的亲子交流具有无限价值，无论通过哪种方式，都请记住这一点：信息的共享与传递有多种方式和可能性，但不管什么情况下都不应该通过孩子来完成。

明确告诉孩子，你们离婚不是他／她的错

即使你试图告诉孩子所有"正确"的信息，但孩子天性上仍倾向于责备自己。（"爸爸妈妈因为我而争吵，如果我能保持房间整洁，也许他们不会分开""我记得他们总是争论与我有关的事情。他们决定分开一定是我的错"）

确实，在大多数时候，夫妻吵架都是因为孩子的问题。另外，孩子成为你们离婚后还互相交流的唯一原因，他们也为此感到内疚。因此你需要提醒自己：你们不是因为孩子而离婚的，他们也不应该因你们的分开而受到责备。想办法以简洁明了的方式告诉孩子，让他们摆脱内疚感。

尽一切努力不让你们的价值观相互冲突

想象这样的情形：父母一方希望孩子信仰某种宗教，以该宗教规定的方式生活，而另一方坚决反对。或者，父母一方希望孩子成为素食主义者，而另一方要求孩子每天吃肉。你们双方都坚信自己是"正确的"一方，但这对孩子是不公平的。

你们之所以分开是因为在一起不快乐，你们是不同的人，在许多问题上都有强烈的分歧。但是，不要在你们之间制造隔阂，让孩子拥有全面丰富的生活。虽然你和前任伴侣的生活方式可能不尽相同，但只要没有核心矛盾，那么孩子可以体验爸爸家和妈妈家不同的生活。你们都应该设法建立一套期望、价值观和要求，让你们过上一种完整的生活。

减少离婚后孩子面临的"忠诚矛盾"

孩子们在父母离婚后遇到的另一个问题就是忠诚矛盾。孩子做出的每个选择都是有代价的:"如果我和妈妈一起过节,爸爸就只能孤单一人了。""如果我和爸爸出国,妈妈一定会很伤心、很孤单。""如果和爸爸玩得很开心,那么我不会对妈妈说,因为这会伤害妈妈的感情。"孩子总是面临着两难抉择,谈不上拥有什么幸福感了。建议你们按照以下方式操作,减少孩子的压力。你要告诉孩子,照顾父母不是他们的任务,只要他们快乐,父母就快乐,哪怕孩子是跟前任伴侣一起。另外,像谁和谁一起度假这样的问题,需要你和前伴侣进行协调,请为孩子做好决定,而不是把选择权抛给孩子(至少在孩子成年后再转交选择权)。

让你的"前任伴侣"变得更好

离婚后,你的前任伴侣可能会经历一系列你并不知情的变化,在这里指的是积极变化:一个从未参与抚养孩子的父亲突然每周两次去学校接孩子放学,而且还意识到养育子女的重要性;一向暴躁易怒的母亲突然冷静了下来,对孩子满怀耐心(她竟然让孩子养了一条狗)。"他/她变了,不再是我认识的那个人了,"你自言自语,"那不是我当初离婚的那个人……"

这时你可能充满疑惑,但请张开双臂,拥抱这些变化:"孩子终于有了一个全心全意付出的父亲,真是太棒了!""我很高兴你的妈妈变得如此有趣(而且你终于可以养一只狗了)。"

所以,我要说的重点是放下对前任伴侣的愤怒,相信他/她在离婚后会成为更好的父母。就算不是一位理想的父母,但他/她仍然是你孩子的爸爸/妈妈。你们之间的关系好坏会直接影响孩子的幸福和心理健康,一定不能忽视。

结语

你可能从来没有料想过你会离婚,更不愿意发生这样的事。如果能重新规划你的人生，你还是希望孩子能在有父母双方庇佑的家庭里成长。不过事已至此，你还是可以通过其他方式提升孩子的幸福感。首先，尽可能减少对前任伴侣的愤怒和敌意。你对前任伴侣的愤怒和敌意越少，你的孩子也越会如此。否则以前那样一见面就争吵的日子还会继续，这样对谁都没有好处。另外，保持与前伴侣和孩子之间的沟通渠道。你和前任伴侣都必须进行适当沟通，尊重彼此。离婚迫使你面临冲突和复杂的情况，但你付出的努力是有回报的。最后，即使你对前任伴侣有很多不满，但请记住他/她仍是孩子的父母，允许他们成为更好的父母，就像你一样。

28

特殊儿童：将不幸变为与众不同

你从来没想过孩子会是这样，你从来没想过有特殊需求的孩子有一天会敲响你的门，并且留在家中。你清楚地记得那个时刻，以及这一切是如何发生的。当时陪伴在你身边的人是谁？是谁告诉了你这个消息？是孩子刚出生时还是过了几周之后才告诉你？也许是几年后？（*你以前也有过怀疑，但又希望自己错了，一切都会好起来的；毕竟，这就是周围其他人所说的——一切都会好起来的——你是多么想相信这一点*）有时候孩子的特殊需求发展很缓慢，或者经历了某件事才出现，比如严重变故、医疗事故或者重大疾病等。

在深入探讨养育特殊儿童之前，我们先要弄清楚"特殊需要儿童"的范畴是什么？

是自闭症吗？失明或视力受损？唐氏综合征？还是其他残疾？似乎是的。

失聪？在这里存在争议，答案取决于你问的人是谁。

注意力障碍或者学习障碍？慢性疾病也包括在这个范畴之内吗？那天赋异

禀的儿童呢？拥有罕见才能的儿童呢？

很难说，这个问题的答案与你的价值观体系以及社会文化规范的发展相关。你知道吗，直到 1973 年，同性恋还被称为一种精神障碍。

本节将讨论作为特殊需要儿童的父母所面临的挑战，从小得甚至让你忽视的问题到最复杂的终极考验，都为你详尽阐述。不过，同时讨论残疾儿童的父母、唐氏综合征儿童的父母和有学习障碍儿童的父母难度很大。一般性原则无法准确描述单个案例的复杂性。因此，在阅读本节时请重点研究与你的个人经历及独特的育儿之道相关的内容。

"为什么我们要去医院检查？谁需要那些标签？"

这种问题跟你完全不相干。有些特殊需要非常明显，如视力受损或者身体残疾；而有些特殊需要必须通过医院检查才能确诊。但也有父母拿不定主意：*"为什么要检查？谁说他们需要诊断？为什么要给他们贴上标签，好像他们有问题一样？如果他们有自闭症或者智商低下，我们也依然爱他们。"*

你要比其他人更清楚什么对孩子和自己才是最好的。此外，在某些情况下（尽管很少见），不去诊断反而利大于弊。不过专业人士仍然一致认为在大多数情况下，尽早诊断至关重要，主要有两个原因：

首先，我们根据诊断结果来确定最适合孩子的治疗手段。早期诊断和适当护理可以很大程度上减轻特殊儿童的症状。自闭症无法治愈，但如果在不到一岁或更早时被诊断出自闭症并接受适当治疗，预计比在五岁时被诊断出（或者甚至从未诊断出）的情况要好得多。当然这些预测都是专业人士基于数据分析得出的，不一定适用于你的个人情况，不要因为医学统计数据而对未来失望或者放弃。

其次，诊断可以帮助父母和孩子了解他们"拥有"什么。孩子与其他同龄孩子为何不同，如何应对他们的行为。很多时候，当你深入了解某些障碍或症状的表现，就能更好地理解孩子，不那么容易失望或产生误解，也不会让别人给孩子贴上伤人的标签（"有毛病""懒惰""以自我为中心""没有同理心"等）。

我们以患有多动症或行为调节障碍的儿童为例。正如我之前提到的，这些疾病被称为"隐形疾病"（参见第 15 节）。他们表面上似乎一切正常，没有人知道孩子为何表现异常——为什么他们总是争吵不休，为什么经常发脾气，或者一天到晚做白日梦。这些障碍不仅仅是学术难题，而且在很多方面也不利于孩子的发展，比如孩子的社交关系、家庭关系等。如果我们不知道孩子患有这类疾病，没有对其进行正确的诊断和治疗，孩子很可能在充满敌意和怨恨的环境中生活。更糟糕的是，他们会认为自己确实存在问题、有毛病、懒惰。然而，如果我们给予孩子一些关于其疾病的教育，让孩子了解自己的疾病并能坦然面对，那么可以在很大程度上避免让我们和孩子以及周围的人受到过多的猜疑、侮辱和伤害。

特殊需要还是特殊儿童？

这几年，我们的观念逐渐转变，不再把孩子当特殊需求儿童对待，而是把他们当特殊儿童对待。

事实上，你比谁都清楚这些孩子具有一些卓越的品质，比如特别的思维模式、非凡的创造力、对世界的全新看法、对于人际关系的敏感，还有一些因残疾而发展出来的独特才能，这一切相当于对其困难病症的弥补。你要多去发现孩子身上这些美好的品质，发自内心地欣赏孩子，培养他们的长处。

想一想，如果我们过于关注孩子的某些障碍，总是试图"纠正"，我们的精神能得到多少休息和滋养？所以，我们应该更多地欣赏他们的独特性和内在特质。

障碍还是特色？

区分身心障碍和独特身份的界限在哪里？谁来决定什么是正常，什么是非正常？非正常必须要"纠正"吗？

以失聪群体来举例，大多数人都认为失聪是一种残疾。听力正常的父母如果生下听不见的孩子，他们通常会尽一切努力"治疗"孩子的失聪。幸好现在有不少方法可以治疗失聪。人工耳蜗手术是一项常规手术，可以让他们借助设备听到声音。从医学角度来看，建议在婴儿出生后的第一年做这项手术。

然而，对失聪群体进行深入研究后，你会发现他们当中的许多人不认为自己是残疾人。失聪父母所生的失聪儿童将手语作为自己的母语。很多失聪者会共同生活在一起，他们对手语和自己的身份所带来的独特文化感到非常自豪。出于这个原因，很多失聪者强烈反对人工耳蜗手术，因为这样会消除他们作为失聪人士的独特性。[如果你觉得这个话题很有意思，那么欢迎观看《贝利叶一家》(*La famille Bélier*) 这部精彩的电影。]

美国心理学家安德鲁·所罗门 (Andrew Solomon) 曾对失聪群体进行研究，发现这一群体希望社会将失聪作为一种独特身份，而不是残疾来对待。他在自己的著作《远离那棵树》(*Far from the Tree*) 中将耳聋问题与父母关系以及自己是同性恋这一事实联系起来进行分析。他说，假如在他还是个孩子的时候，如果存在能让同性恋"变直"的手术，那么他的父母肯定会让他去做那个手术。这种对待同性恋的方式无疑会让性少数群体和文化灭绝。所罗门写道，这种想法令人悲哀。然而，他承认，尽管他认为父母的这种想法十分短视，但这类似于如果他生了一个先天性失聪的孩子，他自己可能会做出相似的反应。他说，他的第一直觉是尽其所能纠正错误。

毫无疑问，这是一个复杂而微妙的问题。在这种情况下，我们应该问自己：我们希望在什么样的社会中养育孩子？我们应该追求统一和共性的社会，还是追求允许个性差异和独特性存在的、开放包容的社会？如何将这些想法与之前的照顾进行联系？这些问题很难用三言两语回答，而且现实是十分复杂且多维的。

特殊儿童的父母所面临的挑战

"当我发现后，我感觉天都塌了……"

当你发现孩子是特殊儿童时，你是什么感受？你一定还记得看到诊断书的那一刻，如同五雷轰顶，大脑一片空白。从那时到现在过了多久？现在感觉如何？

从心理学角度分析，父母在看到孩子有特殊障碍的诊断书后会经历几个心理阶段，这些阶段与为所爱之人悲痛万分的心理过程相似：

第一阶段是震惊和否认。

然后是愤怒、攻击性和情绪混乱。

随着时间的推移，暴躁情绪退去，感到悲伤、痛心和沮丧。

最后接受现实、看清人生。

这一系列的情绪巨变与你对孩子伟大而无限的爱并不抵触，所以请不要为自己经历的情绪巨变而感到内疚。你会感到莫大的悲伤——为孩子不得不面对其他人无须经历的困难和挑战而悲伤，为你的人生偏离了本来的路线而悲伤。你不可能提前为如此剧烈的变化做好准备。

《远离那棵树》：成为拥有"不同操作系统"的父母

心理学家安德鲁·所罗门认为，父母在与有特殊需要的孩子沟通时遇到的很多麻烦都是因为孩子强迫父母用"新语言"和他们交流，而这些新语言是我们从来没有见过的。身为父母，我们潜意识里希望自己的孩子与我们相似，希望他们"延续我们的血脉"。但是养育特殊儿童会让父母不得不放弃这种幻想，而是沉浸在孩子的世界中。这个世界的"操作系统"和普通孩子很不一样，操作难度很大。

假设你的女儿有视力障碍，不能暴露在阳光下；你受邀参加一个户外家庭活动，在那天下午兴冲冲地带着女儿前去赴约。但对于你的女儿来说，刺眼的阳光让她无法忍受。如果你很清楚女儿眼疾的情况，并事先对此有所准备（比如为女儿的眼睛做一些防护措施，或者最好不带她前去），她可能就不用遭受这次痛苦，你也不至于如此心疼。简言之，你必须尝试着通过孩子的眼睛想象这个世界。这点不容易做到，但是十分重要。

重新规划路线

作为特殊孩子的父母，你需要在自己的优先事项上进行大变动，比如改变职业方向、寻找更舒适或要求更低的公司、为了孩子的教育而搬到另一个城市、放弃一些爱好，以及你可能还没来得及考虑的财务问题。除此之外，你和伴侣之间的关系以及你和其他孩子之间的关系可能也会受到影响（也许会打算有朝一日再生孩子）。这一切变化都需要你用不同的视角去思考，要做到这些很难。

有时，孩子的特殊需求也会将父母重新引导到一条新的个人发展道路，并为你打开一个全新的、未知的世界：为自闭症儿童的父母提供指导，开发适用于有学习障碍的儿童的应用程序，为患有糖尿病的儿童设计配件……具有无限可能。是的，有时冲突会引导你走向各种各样的机会，你应该对他们持开放态度。

对新生活的展望

有特殊需要的孩子，其父母需要承受巨大而复杂的情感重量。

他们中的许多人会对自己本来不会选择的生活经历感到幸运和感激。毕竟，大多数人不会选择要一个特殊孩子。我们在整个怀孕期间接受了多少次体检——所有这些都是为了增加生个"健康"孩子的概率。然而，尽管抚养一个特殊的孩子会带来许多困难和挑战，但很多父母说，这个过程犹如一个全新的世界向他们敞开，拓展了他们情感的广度与深度，发现自己身上未知的力量和坚韧品质，形成了新的人生观。

养育特殊孩子是一个赋予生命特殊意义的过程，这个过程不是上天注定的。孩子向前迈出的每一步、每一个成就或里程碑都是一场胜利。很多父母会产生一种使命感，一种比生活更重大的使命感。

成为特殊孩子的父母会让你培养出一些宝贵的品质：深沉而无尽的爱、同理心、宽容、耐心、感恩和乐观。此外，你还会认识有类似经历的群体，收获新的友谊。事已至此，我们无须逃避。我们很清楚我们是谁，谁站在我们这边，谁是我们真正的朋友。

重要的是我们需要大胆地谈论这些困难，在生活中为这些困难腾出空间，允许其存在。困难一直存在，所以尽量拓宽视野，用积极心态看待问题，以你和孩子之间的温馨时刻来"淡化"痛苦尤为重要，这样的世界观可以极大地帮助你和孩子。

欢迎来到荷兰

以下文字摘自美国作家艾米丽·珀尔·金斯利（Emily Perl Kingsley）的一篇文章。艾米丽是一位患有唐氏综合征的孩子的母亲，她在这篇文章中描述了养育特殊孩子的经历。我询问过她是否可以在这本书中发表她的这段话，她同意了。

常常有人请我描述抚养一个有残疾的孩子是怎样一种体验。我的解释或许可以帮助那些没有这种经验的人了解、体会这是什么样的感受。那种感觉就像这样……当你的身体里孕育着一个宝宝，就像是在计划一场美妙的意大利之旅。你买了一大堆旅游指南，还做好了精彩的攻略：古罗马斗兽场、米开朗琪罗的"大卫"雕像、威尼斯的贡多拉，你或许还学了几句常用的意大利语。一切都是那么激动人心。经过几个月的热切期待，这一天终于来临。你收拾好行李踏上旅途，几小时后，飞机落地。机组人员走过来，跟你说"欢迎来到荷兰"。"荷兰？"你大吃一惊，"为什么是荷兰？我要去的是意大利！我现在应该到了意大利才对啊，我一辈子都梦想着能去意大利。"但是谁知航行计划有变，最终飞机降落在荷兰，而你只能既来之则安之。重点是，他们也没把你带去一个可怕的，令人厌恶的，肮脏不堪的，充满瘟疫、饥荒和疾病的地方。仅仅是一个和预想中不一样的地方罢了。于是你不得不下飞机，去买一本新的旅游指南，再学新的语言，遇到你从未预想会见到的人们。这里只不过是另一个国度，比意大利的节奏更慢，没那么多浮华。等在这里待了一阵子之后，你缓过劲来，眺望四周，会发现荷兰有风车，有郁金香，还有伟大的艺术家伦勃朗。但你认识的所有人都在忙着往返于意大利，而且都在炫耀着自己在那儿过得有多好。在你的余生里，你却只能说："是的，我原本也是要去那里的，我都计划好了。"而这种痛苦永远永远都不会消失……因为失去梦想是一种非常非常重大的损失。但是如果你把生命都浪费在哀叹你没去成意大利这件事上，你就永远不能自由地享受荷兰非常特别、非常美好的方方面面了。

© 1987 by Emily Perl Kingsley. 版权所有。

很多特殊孩子的父母很认同文章中动人的描述。不过一位自闭症儿童的母亲撰写了一篇标题为《欢迎来到贝鲁特》的文章作为对《欢迎来到荷兰》的回应，里面极尽反对之词。你可以发挥想象来推测她想表达的意思，以及她与艾米丽天壤之别的经历。

无数需要应对的事情

归根结底，生活不过是每个当下时刻的集合，一小时又一小时，一天又一天，无数的事情要处理：学校要么不了解孩子的需求，要么即使了解，也无法适应他们的需求；每天必须做出无数复杂的决定（**让孩子上体育课是个好主意吗？**）；如何分配对特殊孩子和其他孩子的时间？你感觉分身乏术。平衡特殊孩子和其他孩子的需求是父母要面对的复杂而微妙的任务之一。

除此之外，你还要不停地向周围的人解释孩子的"不同"之处。请不要忘记经常提醒孩子，他们所拥有的长处和优秀品质，以及他们生活中积极阳光的一面。身体残疾并不是一无是处，不过作为父母，我们也不要对孩子过度保护。当然他们可能会在某些领域遇到更多困难，但他们仍然拥有更为广阔的天地发挥自己的光和热。

养育特殊需求的孩子常常会引发一些存在主义的问题：如果我们以后不在了，谁来照顾他们？也许你还担心是否要再生一个孩子？万一生的孩子又是"特殊儿童"怎么办？如果为了避免这种情况出现，你不得不做出终止妊娠的决定。这一切都太复杂了！

请坐下来，深呼吸，认真想一想谁可以帮助你一起应对这一系列复杂的问题？如果"正常的"育儿已经很复杂，那么养育特殊孩子无疑要更复杂两三倍。所以你需要来自多方面的支持，可以是家庭成员的支持，也可以是朋友、相同情况的群体（这里社交媒体就派上了大用场）以及专业人士的。请不要犹豫去寻求帮助和咨询。同时也要注意巩固与伴侣之间的关系，因为牢固的伴侣关系是应对未来许多挑战的基础。

到头来只有你们自己知道自己付出了多少，你的内心蕴藏着无限的能量，你的能力也超乎自己的想象。为了能够不断付出，你也必须照顾好自己。不要一个人待着，寻找能够最大限度帮助自己的资源，获取多方支持，也让自己时不时休息一下（这很正常）。在精疲力竭的日常生活中忙里偷闲，你应该休息和放松！不要忘记：你必须吃饱，才能帮助孩子获得他们所需要的帮助。我需要再次提醒你自我关怀的重要作用。请善待自己，对镜子里的那个人微笑，多给自己鼓励，（你们真的很棒！）也允许别人赞赏自己。真的，你值得拥有一切夸奖。

结语

特殊需要——特殊儿童。

准确的诊断和适当的治疗——接受他们独特的身份和"与众不同"之处。

这一节的内容似乎充满矛盾，但其实你比任何人都清楚：现实是复杂的。

第四部分

慢慢来

育儿拓展知识

我们已经到了第四部分，也是本书的最后部分。

我们目前已经了解了哪些知识呢？首先，我们确定了育儿目标以及实现这些目标的方法；然后，在育儿过程中我们意识到要以我们为中心；最后在第三部分，我们重点讨论了一系列特殊的育儿情形——每个人都可以选择最适合自己的道路。现在，我们可以放慢一点节奏，打开车窗，眺望远方的地平线，呼吸清新空气，想一想对于育儿和为人父母的其他感悟。

例如，你有没有问过自己，动物的育儿方式是什么样的？自然界中的育儿是只发生在猫、狗和其他哺乳动物身上，还是也发生在鸟类、鱼和其他物种身上？第29节将会介绍这些有意思的内容。通过审视动物界的育儿之道，我们也许会针对自己的育儿获得一些有趣的启发。

在扩展视野的同时，我们一起来回顾一下过去。你知道吗？仅仅在几十年前，育儿还算不上是一项重要而艰巨的任务。你敢相信在20世纪初，医生会告诉父母养育孩子时"不要肢体接触"吗？心理学家竟然认为父母之爱是十分危险的？我们将在第30节讨论这些话题，阅读完本节内容后，你会庆幸自己在当今这个时代和社会养育子女，而不是过去。

最后，我将分享自己关于儿童心理治疗的专业见解，以及多年来为父母提供心理咨询过程中获得的经验和信念，正是这些信念促使我写出这本书。我将以我对身为父母的感受作为本书的结尾。准备好了吗？我们继续，但是这次，我们慢慢来……

29

动物育儿：抚养子女是我们的天性

关于育儿这个重要使命，还有什么没有写到呢？这方面你可以搜集到无数的书、文章、博客和个人专栏。我们都在说育儿，好像是我们发明了育儿之道。似乎育儿是人类独有的。似乎如果我们不先思考如何与孩子高质量相处，如何成为理想中的父母，如何应对育儿过程中的失望等问题，就无法真正地养育孩子。

不过当我们拓展了视野之后，就会发现育儿并不只存在于人类世界。很多育儿方式也存在于自然界的不同物种中。

我们都知道，野生动物也需要繁衍后代。然而，我们很少真正停下来问自己：它们是怎样的父母？动物育儿是否只有母亲在履行职责，还是说父亲也参与育儿？动物育儿包括了什么？是否需要喂养幼崽？保护它们？也许大自然里才存在真正的母爱？

如果你要问：为什么我们要关心动物育儿？那么答案很简单：这是物种进

化的一部分。通过观察人类和动物的进化过程，我们可以更好地了解自己和自己的育儿之道。毕竟我们并不是自然界中第一个"发明"育儿的物种。

海龟、鱼类和企鹅：自然界奇妙的育儿方式

如果有人问你：*"你是如何做父母的？你的育儿之道的核心要素是什么？"* 你的回答可能是这样的：从生下孩子（现在也有其他选择，比如领养、养育令等）开始，我们关心他们，养育他们，教育他们，给予他们无限的爱。

那么野生动物是否具有与我们人类相似的育儿之道？我们一起来看看。

首先，我们需要明白，动物育儿的核心目标是保证物种的延续和生存。有些动物的"育儿"角色只是生育而已。以海龟为例，海龟产蛋后并不会照顾后代。为了延续它们的物种，雌性海龟本着越多越好的原则，产下大量海龟蛋。事实上，大部分的蛋都枯萎不育、变干或被掠食者吃掉，但只要少数存活下来，带来新一代生命并确保其物种的延续就足够了。

我们再来研究鱼类。鱼类的养育方式更加先进，不仅要产卵，还会守护鱼卵。比如雌性罗非鱼产卵后会将鱼卵和刚孵化出的小鱼放进嘴里，有时雄性罗非鱼也会把鱼卵放进嘴里，这样做的目的是保护幼年罗非鱼免受敌害侵袭。

我们人类的育儿需要我们放弃一定程度的舒适，把孩子的需求放在首位，鱼类也一样。当幼鱼在父母的嘴里避难时，其父母就会停止进食，以免伤害它们的孩子。这种令人难以置信的保护机制也发生在某些种类的青蛙身上。

鸟类会发生什么？

鸟类筑巢，在鸟巢里孵化鸟蛋直到雏鸟诞生。不过它们的父母职责并没有结束。鸟类在孵出雏鸟后还会照顾雏鸟很长一段时间。母亲留在巢中保护雏鸟，父亲出去觅食。父亲觅食回来后，会将食物喂到嗷嗷待哺的雏鸟嘴里。幼鸟羽翼未丰，身体虚弱，无法飞行，甚至无法行走——这意味着如果没有父母的照料，它们无法生存。

此外，我在这本书中提到了如今父亲积极参与育儿的趋势，这种情况被称为"新父亲模式"。不过对于鸟类来说，这种模式一点也不新鲜。90%以上的雄鸟和雌鸟都会一起照顾幼鸟。有些鸟类在育儿过程中甚至表现出"女权主义"特征。以帝企鹅为例，雄性负责孵蛋和照顾幼年企鹅，而雌性企鹅则出去寻找食物。从这个例子中我们似乎能得到一些启发——从固有的性别角色中解放出来，不一定要遵循"男主外、女主内"的家庭配置。

母乳喂养 —— 不仅仅是喂饱婴儿

从鱼、青蛙和鸟类开始，再到哺乳动物。

哺乳动物的后代在母亲体内孕育成长，从母亲那里获得最长久、最深情的陪伴。所有哺乳动物，无一例外，都由母亲喂养，因此在生命的最初几周内都需要与母亲亲近。母乳喂养不仅仅满足了孩子的生长发育需要，还具有更为深远的意义。

自然界中的雌性哺乳动物通过母乳喂养以及其他类似行为（比如舔舐幼崽）养育和照顾它们的后代。养育后代是成年动物的生物本能，它们甚至会照料后代直至后代成年。我们是怎么知道的？

曾经有一系列研究对出生几小时后就与母亲分离的幼鼠进行观察。幼鼠由人工喂养，它们的生理需要都得到了满足。然而，尽管如此，幼鼠的发育还是受到了严重影响：它们对压力反应迟钝，社交技能退化，成长速度也大幅度减缓。即使婴儿的基本生理需求得到了满足，但如果缺少母亲的照顾和陪伴，那么还是可能会夭折。（这些研究发现与本书第一节中提到的勒内·施皮茨的婴儿研究发现一致）

为什么会这样？因为幼鼠早年缺乏母亲的陪伴，不仅导致体内荷尔蒙失衡，还在大脑发育过程中产生了一些不可逆转的损害。最严重的情况发生在从小与母亲分开的雌性老鼠身上。这些雌鼠长大并生育幼鼠后，是不知道如何照

顾后代的。因为缺乏母爱，这只成年老鼠无法养育下一代。（详见第 24 节关于代际传递的内容）

如果你要问为什么心理学总是以老鼠作为研究对象，那是因为老鼠和人类虽然看上去完全不同，但 DNA（脱氧核糖核酸）序列有很大的遗传相似性，所以我们能通过研究老鼠推断出人类的结论。

能哺乳的妈妈，还是有柔软触感的妈妈？

美国心理学家哈利·哈洛（Harry Harlow）进一步证明了动物界父母之爱的必要性。他在 20 世纪中期进行了一项充满争议的实验。他想用科学方法研究"爱"，同事们都认为他疯了。而如今，他的这项研究已经成为心理学研究领域的经典作品，标志着育儿概念发展的变革。

这个研究就是著名的恒河猴"代母实验"。他将刚出生的幼猴与猴妈妈分开，然后用铁丝做了一个代母，胸前有一个可以提供奶水的奶瓶；用柔软的绒布做了另一个代母，但是没有安装奶瓶。在那之前，研究人员还是认为母爱的本质在于母亲能满足孩子对食物的需求，但哈洛的研究颠覆了他们的认知。他发现幼猴都喜欢蜷缩在柔软的"绒布妈妈"腿上——尽管"绒布妈妈"不能喂奶。幼猴会一直躺在"绒布妈妈"身边，只有在饥饿时才会去"铁丝妈妈"那边喝奶。我们从中学到了什么？

哈洛的研究结果告诉我们，动物对母爱的需求不仅仅是满足自身的生存需要，还需要接触性的关怀和情感依恋。所以在这方面我们不再有疑问：不论动物还是人类，都对父母的关怀有着极大的情感需求。

> **有限的爱 —— 吃掉自己孩子的母亲**
>
> 　　爱并不能战胜一切。养过仓鼠或兔子的人也许知道，雌性动物有时在生下幼崽后仅仅几小时内就吃掉幼崽。这怎么可能？对于这种"虎毒食子"的现象，一般有这样几种解释：母亲需要减少后代数量，以便能够养活其他幼崽；害怕掠食者伤害它们的幼崽；母亲对养育后代存在理解障碍，没有能力进行养育。还有一种解释是母亲通过吃掉幼崽将其在整个怀孕和分娩过程中失去的营养和能量补充回来。
>
> 　　有些动物幼崽能够躲过这一劫。以沙鼠为例，它们有一种荷尔蒙机制，可以在出生后的几天内超越母亲的狩猎需求（雄性沙鼠有时也以幼崽为食）。这种机制使沙鼠父母能够识别出幼崽的独特气味。一段时间后，沙鼠会吃掉不熟悉的沙鼠幼崽，但不会伤害有独特气味的幼崽。大自然实在是既奇妙又残酷。

育儿是我们与生俱来的能力

　　如果我们姑且认为育儿是"人类的发明"，那么哈洛的恒河猴实验和照顾小猫的流浪猫等都证明了育儿是一种遗传性的能力。人类和其他哺乳动物天生就具有"施爱系统"，照顾子女、保护子女、喂养子女、培育子女、关爱子女，与子女建立情感依恋。育儿是我们与生俱来的能力。

　　此外，从本质上讲，我们的育儿方式只是大自然的一部分，因此我们也可以从其他动物的养育方式中学到很多东西。我们再来回顾一些关键的知识点。

母乳喂养的要求如此苛刻并非巧合

　　在婴儿生命的最初阶段，父母的存在具有重大意义。仅在几十年前，科学家们认为婴儿食用食品公司生产的婴儿奶粉也能茁壮成长，而且这种养育方式更加科学。当时很多父母急于遵循科学，纷纷停止母乳喂养，认为母乳喂养过于原始。现在我们知道这些科学家的论断是有问题的。事实上，没有比母乳喂养更好的哺育方式了。母乳喂养不仅有益于母子身心，还有利于母亲与婴儿保持亲密联系。母乳喂养虽然不方便，但从进化的角度看，是十分有必要的。婴儿需要我们不仅仅因为生存需求，更需要我们的长期陪伴。

2018 年 9 月，新西兰总理杰辛达·阿德恩（Jacinda Ardern）带着她三个月大的宝宝出席联合国大会，令世界震惊。她是历史上第二位在担任总理期间生孩子的女性。（第一位是曾任巴基斯坦总理的贝娜齐尔·布托。）面对无数男性惊讶的目光，这位新西兰总理只是轻描淡写地回答：*我正在母乳喂养期间，宝宝需要我，我不能离开她。*

关于这一点我需要强调，如果你符合以下几种情况且能够长期稳定地陪伴在宝宝身边，那么可以不选择母乳喂养：无法母乳喂养，决定暂时先不用母乳喂养，或者只有父亲养育宝宝等。毕竟，母乳还是可以替代的。但是父母（或其他照顾者）的陪伴是不能替代的。孩子出生后的头几年离不开成人的陪伴和爱。

孩子的需求随着他们的成长而快速变化

动物育儿只发生在固定的一段时间内；幼崽长大后，就会与父母分开，自己独立生存，但我们人类不同。三十多岁的成年人还待在父母家啃老的现象并不少见，父母也时常抱怨：*"赶紧出去住吧……别把家里当旅馆，没人给你洗衣服！"* 养育 14 岁的孩子和养育 10 岁的孩子是不一样的，与养育 2 岁的孩子更不同。孩子成长的速度太快，他们的需求也变化得太快。如果过度保护孩子，把孩子一直当作婴儿或者儿童对待，不利于孩子的独立性发展，以及他们的安全感和自我价值感的建立。（另见第 3 节"直升机式"育儿相关内容）

今天全心全意照顾孩子，明天收获满满的劳动成果

　　自然界中所有生物的目标都是确保其物种的延续。哺乳动物在养育幼崽的过程中会投入能量帮助他们的后代最终成为父母，人类同样如此。我们期待着看到孩子有朝一日成为父母，对他们自己的孩子关爱备至，如同我们现在爱他们一样。你今天付出的努力是在为孩子的未来准备"育儿资源"。你今天给予他们的爱，有一天会让他们同样地爱自己的孩子。这似乎就是我们延续后代的方式：将我们所拥有的传递给下一代，不仅是我们的基因，更是价值观、情感以及社会与文化层面的认知。

结语

　　育儿并非人类独有，动物世界也存在很多奇妙的育儿方式。动物进化程度越高，其育儿过程中父母起的作用就越大。抚养子女是刻在我们基因里的天性和能力，意义十分重大。我们对孩子全心全意的爱可以满足孩子的基本需求，随着他们健康快乐地长大，我们对他们的爱会影响他们以后的育儿方式。

30
育儿历史：从"低等生物"到需要被爱的"人"

很多人认为养育子女和父母之爱是人性的基本特征，然而事实并非如此。父母的爱并不是天性的，也不是恒久不变的。几十年前，育儿还没有形成一个成熟的概念或体系。那时候人们不仅不太关心养育孩子的问题，而且孩子也觉得自己是不重要的。大约一百年前，童年还被视为"成年的预备期"，而儿童则被认为是"低等生物"，只有长大成人才能成为社会生产力，才具有价值。

还好这些观念已经成为"过去式"。如今，父母之爱和孩子童年时期的重要性已经不言而喻。纵观育儿理论的发展史，我们越来越了解当今时代身为父母的职责，以及育儿之道的重要知识点和原则。

首先，你可能不太相信，"育儿"其实是一个相对较新的概念。这个词在1918年首次被收入牛津词典，而在此之前根本不存在。20世纪初，市面上开始出现育儿相关的书籍，虽然提及"养育子女"的字眼，但并未涉及育儿问题。直到1975年，"育儿"一词才开始在现代口语和书面中频频出现。而现如今，鲜有父母不为养育子女的问题而烦恼。那么，怎么会在这么短的时间内发生天翻地覆的变化呢？

婴儿是过渡生物

18 世纪之前，婴幼儿的存活率很低，所以他们被视为"过渡生物"，在家庭中毫无地位可言。直到 18 世纪中叶，哲学家和宗教领袖才开始重视婴幼儿的存在，呼吁群众投入足够精力教育自家的孩子。这些想法在当时看来十分新鲜。因此，父母们纷纷重视起自己的孩子，孩子成为家庭不可分离的一部分。家庭单元就是在这个时候形成的。但当时的核心家庭并不像今天这样可以独立经营。除了母亲，村里众多妇女也一同参与婴幼儿的照顾，比如阿姨、祖母和没有孩子的年轻妇女。这让年轻女性在成为母亲之前就获得了照顾孩子的经验，同时新妈妈得到了她们所需要的全力支持和帮助，与其他妇女共同分担抚养孩子的重担。但是那种父母与孩子之间具有排他性的深厚情感纽带就缺失了。

无菌育儿和远距离育儿

尽管 19 世纪时，社会对于婴儿的重视程度已经明显提高，但全球的婴儿死亡率仍然很高。19 世纪后期，美国大约有四分之一的婴儿还不到一岁就夭折了。这些数据映照出的现实过于惨淡，难怪父母害怕太依恋自己的孩子。而且不只是婴儿夭折，还有很多母亲死于难产。这些数据证明了育儿在当时还未受重视。

20 世纪初，美国和欧洲的医生发现当时存在严重的污染和传染病问题，死亡人数居高不下。其中关于孤儿院的死亡数据报告令人触目惊心。在美国各地检查的所有孤儿院中，没有一个孩子活过两岁，他们都死于感染和疾病。

在如此严峻的形势下，医生呼吁每个人都与他人保持距离。医生建议与孩子保持安全距离，让他们在不同的房间睡觉，并尝试在绝对无菌的环境下养育孩子，避免肢体接触。

例如，一位名叫亚瑟·奥尔伯特（Arthur Albutt）的医生在他 1888 年出版的《妻子手册》一书中写道：

如果你真的爱宝宝，就应该谨慎，保持一定的距离。婴儿生来就是活的，不是死的，所以抚摸婴儿之前要洗手，不要有过多接触，这样他们长大才能成为有用之才。

另一位名叫路德·霍尔特（Luther Holt）的儿科医生呼吁父母避免亲吻和拥抱他们的孩子：

良好的育儿方式意味着良好的卫生习惯、干净的双手、轻柔的抚摸、充足的空气和阳光；此外，父母还要与孩子保持一定距离，也就是避免肢体接触。

有什么比亲吻孩子更糟糕的事吗？父母真的希望用嘴唇（公认的传播感染源）触碰婴儿吗？

19 世纪中叶，一位名叫马丁·库尼（Martin Couney）的德国医生首先发明了保育箱——只要早产儿待在完全无菌的"玻璃笼子"里，就可以存活下来。难怪人们如此迷恋科学。每个人都想用纯科学的方法抚养孩子。政府随即拨出巨额预算，向公众宣传"与孩子保持一定距离，在无菌环境下养育子女"的育儿方式。

"过多的母爱是危险的"

由于心理学在当时还是一门年轻的科学，而且正致力于建立理论基础，于是心理学界人士呼吁父母与孩子保持疏离的关系，尽量远离孩子。

美国心理学会（APA）主席约翰·B. 沃森（John B. Watson）曾大力向公众倡导一种严苛专制的育儿方式：

对孩子来说，没有什么比被母亲所爱更糟糕的了，母爱意味着拥抱和溺爱，这样只会滋生软弱的个性，令孩子永远胆小、谨慎和自卑。

在 1928 年出版的杂志《婴幼儿》中，一篇文章标题令人毛骨悚然：《过多的母爱》，沃森进一步解释：

不要拥抱和亲吻孩子，不要让孩子坐在你的大腿上。如果必须亲吻孩子，那么只能在孩子睡前和他们说"晚安"时亲吻他们的额头。早上与孩子握手。如果他们完成了一项困难的事情，拍拍他们的头作为鼓励。试试看，一周后，你会发现友好客观地对待孩子其实很容易。你会为你以前粗俗和多愁善感的育儿方式感到羞耻。

这样做的目的：培养对社会有用的栋梁

难怪 20 世纪初期很多父母都相信，抚摸孩子、疼爱孩子和满足孩子的需求是十分危险的。颇为矛盾的是，受教育程度较高的中上阶层父母更倾向于听从科学家的指示，从不"溺爱"孩子。当时社会的普遍看法是，童年只不过是为成年做准备，儿童被视为廉价的劳动力。*"孩子必须要进行训练和管教，这样他们成年后才能成为社会的有用之才。"* 霍尔特博士说。

弗洛伊德：改变世界的规则

儿童社会地位的提高在很大程度上归功于西格蒙德·弗洛伊德提出的精神分析理论。他改变了我们看待自己和孩子的衡量标准。20 世纪中叶，他的革命性思想向世人证明了幼儿时期对于未来一生的重要性。这些思想通过他之后的许多其他精神分析学家的理论得到了扩展，如：唐纳德·温尼科特、安娜·弗洛伊德（弗洛伊德的女儿，他的第六个孩子）、玛格丽特·马勒（Margaret Mahler）、梅兰妮·克莱因（Melanie Klein）、海因茨·科胡特、桑多尔·费伦齐等。

20 世纪中叶还出现了另一项心理学理论：婴儿需要父母的爱。他们需要父母的爱才能生存。婴儿需要抚摸，需要人们的回应，需要父母成为他们面对外部世界的"中间人"。顺便说一下,《儿童权利公约》直到 1989 年才在联合国大会上通过,确立了儿童在教育、医疗、社会保障等方面拥有的基本权利。

如今,我们非常确信:沃森和他那一代人对于父母之爱的批判是完全错误的。没有父母的爱,孩子无法成长为身心健康的人。此外,人们也逐渐认识到儿童成长时期的重要性。同一百多年前相比,我们能在当今时代养育子女实在是一件幸运的事。

有趣的现象:即使在保育箱里,也不能放弃接触性关怀

露丝·费尔德曼(Ruth Feldman)及其同事在 2018 年完成的一项著名研究中,发现了"袋鼠式护理法"("直接皮肤接触")在治疗早产儿方面的显著作用。73 名早产儿平均在 30 周时出生,平均体重为 1270 克,在两周内与母亲有一小时的身体接触。研究人员从保育箱中抱出婴儿,放在母亲的双乳之间。对照组是一群相同数量的早产儿,他们没有接受过"袋鼠式护理"治疗,只能隔着保育箱与外界互动。研究人员一直跟踪研究这些孩子直到他们十岁。早产儿在出生后第一天接受的短期治疗对他们的未来产生了巨大影响:在他们整个成长过程中,他们与母亲的关系更好,情绪调节能力更强,皮质醇(压力荷尔蒙)水平较低,注意力障碍的发生率较低。

在一项类似的研究中,研究人员跟踪了一组在出生后最初几周接受"直接皮肤接触"的早产儿,但这次一直跟踪研究到他们 20 岁。研究人员要求这几位 20 岁的年轻人在进行大脑功能磁共振成像的同时进行需要移情的任务。与未接受"直接皮肤接触"的早产儿相比,接受"直接皮肤接触"的早产儿大脑中负责调节情绪的区域活动量增加了 1.5 倍,同时产生了更多的神经连接。这些发现表明,即使是在保育箱中长大,也没

> 有什么能替代母亲的身体接触。无菌环境固然重要,但母亲的抚触必不可少。

作为父母,我们可以从中学到什么?

我们已经看到,育儿观念在相对较短的时间内发生了翻天覆地的变化。我们的育儿方式也在潜移默化中受到影响,孩子的成长同样如此。在这里我将进行详述。

我们自己和父母在养育方式上的差异

过去的几十年里,人们对养育子女的看法转变极快。我们的父母认为对孩子表现出关爱和情感是危险的,而我们小时候就在这样的家庭中长大。这种情形会让我们产生疑惑和压力,我们无法将上一辈的观念和经验作为知识和权威的参考。以如何对待哭泣的婴儿为例,如果你的孩子还处在婴儿时期,你的父母会建议你不要理会孩子的哭声,("你不应该对孩子的哭声反应那么强烈……他会被宠坏的……")而你很可能不会听从父母的建议。这就会导致你和你的父母(即孩子的祖父母)之间的关系十分紧张,在育儿方式方面也很难再与他们进行交流。

伴侣之间在育儿观念上的差异

上一节讲过,在某些情况下,伴侣双方在育儿观念上可能存在差异:一个人倾向于细致入微的育儿方式,而另一个人则担心这样会溺爱孩子。伴侣之间在育儿观念上的差异是一个核心矛盾点,尤其是随着孩子长大,涉及教育的问题就越复杂。

选择另一个极端：过度养育

人们的育儿观念在过去几十年内受到各种理论影响，摇摆不定，有时会形成极端的育儿方式，即"过度育儿"。婴儿的确需要父母能够在各方面适应其需求，不过随着孩子渐渐长大，过度满足孩子的需求会导致孩子无法形成清晰的自我意识。一个 9 岁的孩子如果在成长过程中一直感觉世界始终以自己为中心，自己的每个愿望和需求都能得到实现，那么他就失去了无数个应对不同情境的机会。他们的韧性和问题解决能力也无法得到锻炼。（参考第 3 节"直升机式"父母以及第 16 节设立界限的相关内容）重要的是要意识到这种情况，并在满足孩子的需求之间找到最佳平衡，但仍然不能过度参与和过度适应他们，使他们变得虚弱和缺乏处理问题的能力。

我们不能忘记：对孩子来说，没有什么比拥有慈爱的父母更重要的了——无论孩子多大年龄都是如此。这些词不是一般的社会习俗或直觉——它们已经被研究证明，其准确性毋庸置疑。

结语

我们现在认为不言而喻的良好教养方式，在很久以前甚至没有这样的规定。这是由于婴儿的高死亡率和妇女在分娩过程中的高死亡率，以及医学和心理学观念强调父母对子女肢体接触的亲情和爱可能产生的负面影响。

这一问题的急剧变化发生在 20 世纪中期，这既是由于弗洛伊德关于儿童成长时期重要性的革命性理论，也是由于这一时期研究结果的缓慢收集。研究结果毫无疑问地证明了父母之爱和亲子情感联结的重要性。人们对这些因素对儿童的身心福利以及他们将成长为成年人的重要性有了共识。我们非常幸运，可以在这个时代养育我们的孩子，而不是在那个父母担心爱孩子、触摸和拥抱孩子会带来负面影响的混乱时期。

31

儿童心理治疗：与孩子一起面对困境

知之者不如好之者，好之者不如乐之者。

—— 孔子

一直以来，我都不知道长大后想做什么；甚至逐渐长大后，我还是不知道。然后我开始学习法律，走上学术之路。学习了一年后，我发现法律不适合我，于是从法律系转到心理学系。

我开始在特拉维夫大学攻读"儿童临床心理学"硕士学位，心里还是忧心忡忡。我的同学都梦想着有一天能成为一名临床儿童心理学家，而我选择这条道路的主要原因是听说这个专业很有意思，而且无论选择什么方向都会像"打开一扇大门"一样。

在学习儿童临床心理的过程中，我接触到了儿童心理治疗的世界，然后一发不可收，深深地爱上了这个世界。然而，内心深处仍有一些东西困扰着我。我不知道这种感受应该称作什么，但现在我可以用语言来描述这种感受：孩子进入治疗室后，他们的父母却待在外面，这比任何事情都让我感到不安。

毕业后，我拥有了自己的第一个孩子，诺姆（Noam）。我也因此切身投入为人父母的复杂角色中。一年后，直觉让我选择在学校心理学驻留。驻留后不久，我发现现在就是我从小就想成为的样子。

学校心理学与临床儿童心理学并不矛盾，但侧重点略有不同。临床心理学（至少在传统意义上）非常重视孩子自己的内心世界，而学校心理学则强调通过广泛的生活联系来对待孩子的重要性。儿童是包括父母、家庭、学校、社区等在内的整个社会的重要组成部分。精神分析学家唐纳德·温尼科特认为*"没有婴儿可以独立存在，婴儿必须与照顾者同时存在"*。也就是说婴儿永远处于与照顾者的联系之中。根据这个观点举一反三，我们可以推出：没有父母，就没有孩子；没有家庭、学校、社区，就没有孩子；没有以孩子为中心的庞大系统，就没有孩子。

他的观点让人们认识到父母对子女的巨大影响。这种以父母为中心的育儿观念得到了很多心理学家的认同，在整个心理学界越来越盛行。我们在面对孩子出现发脾气、过度害羞、焦虑、社交障碍、自我调节问题、低自尊等情况时，该如何处理呢？送孩子去心理治疗吗？还是我们自己去比较好？也许忍一忍就过去了？或者直接忽视？

我将分享我对儿童心理治疗和父母参与治疗的一些见解，这些见解不仅是我日常工作的指导方针，也是我写这本书的动力所在。

"汽车修理店幻想"（父母的版本）

每隔几天我都会接到这样的电话：*"你好，你是一名儿童心理学家，对吗？你能接受我的孩子进行治疗吗？他六岁了，有情绪障碍，我认为他需要情绪方面的心理治疗。"*

在心理学家眼中，这类电话被幽默地称为"汽车修理店幻想"电话。父母虽然出于好心，希望孩子接受心理治疗，但这就像我们把坏了的车扔在汽车修理店，对老板说*"车放这了，检查出了什么毛病，修好了告诉我"*。不幸的是，或者更应该说幸运的是，这样根本不管用。把孩子交到心理学家手里，如同把坏车放在汽车修理店，这样是没用的。儿童的心理问题总是与更广阔的语境有关。这个语境首先就包括父母。

虽然父母可能不是造成孩子产生情感问题的直接原因，也不能指责他们，但我认为，父母是解决孩子心理问题的关键。如果父母不充分参与心理治疗，那么孩子的问题也不会有太大的改善。而且，即使孩子的症状减轻了，这个过程本身其实也需要高昂的代价。比如，可能会让父母觉得内疚，甚至让父母对心理咨询师产生嫉妒心理。我将在后面深入探讨这个问题。

救世主幻想（心理咨询师的版本）

相对于父母的"汽车修理店幻想"，心理咨询师的版本是"救世主幻想"。虽然大多数心理学专业人士都避免陷入这个幻想中，但是我们仍需要了解这个幻想，提高警惕。"救世主幻想"就是心理治疗师十分担心孩子的内心挣扎，感觉自己如同"救世主"一般，急切地想要从孩子父母手中救出孩子。这种情况下，心理治疗师将孩子的心理问题怪罪于孩子父母，自己有义务"纠正和解决"父母造成的错误和伤害，这是非常危险且有破坏性的。我们不能忘记，父母是孩子生命中最重要的人。没有人比父母更希望孩子过得幸福快乐。指责父母，还幻想从父母那里"拯救"孩子，只会造成更多伤害。

而且，如果孩子遭遇情感或社交方面的困难，我们往往会不顾一切地将问题归咎于自己。因此，当孩子去接受治疗，而心理咨询师将孩子的问题归咎于父母，会大大加剧父母的挫折感和无助感。对孩子和他的家庭来说，没有比这更糟的结果了。（当然，这是假定并非处于父母缺乏养育能力的极端情况，如虐待孩子、忽视孩子的需求及其他不良方式。）

成为孩子的心理治疗师比成为他们的父母更容易

很多时候，成为孩子的心理治疗师比成为他们的父母要容易得多。心理治疗师每周只需和孩子相处一小时，只要怀着极大的耐心，适应孩子的需求，就可以获得不错的收入。而父母过着五味杂陈的生活，每天要应对各种干扰、承诺、副业、其他孩子、工作、爱情和压力。所以，孩子对于去参加心理治疗非常开心，内心认为*"这是唯一能理解我的地方"*，而对父母的愤怒却与日俱增，同时，父母的愧疚和无助感也进一步加剧。长此以往，似乎对所有人来说都不是一个好结果。

那我们如何才能摆脱这一困境呢？

以父母为中心

我认为，在某些情况下，对儿童进行心理治疗确实有帮助。例如儿童出现了某些情绪问题（如焦虑），以及进入某个年龄段（如青春期）。如果你选择让孩子接受心理治疗，那么治疗必须要求父母对此极度重视，父母的参与是治疗过程的重要组成部分。（另见第 26 节关于青少年心理治疗的内容）

然而，根据我的专业经验，在很多情况下，"送孩子去接受治疗"并不是正确的呼吁。你应该同孩子一起参与心理治疗来解决孩子的问题，而不是只让孩子参与这个过程。我相信与父母会面进行治疗，父母和心理学家都会将孩子的最大利益放在心上。当两方都谈论孩子的问题，（同样重要的是：孩子的优势！）并寻找方法帮助他时，这种探讨便可以成为成功处理矛盾、解决问题的关键。

我们作为父母，要比地球上其他任何人都更希望孩子幸福快乐，我们也比其他任何人都更能影响孩子，毕竟我们一年 365 天都和孩子朝夕相处。我们不妨认真思考和学习如何帮助孩子缓解心理问题。

父母参与孩子的心理治疗有很多好处。心理治疗师与孩子父母见面进行心理治疗时，会以同理心为父母赋予能量与信心，帮助父母解决孩子的心理问题。我们在寻求心理治疗建议时，不仅仅是为了治疗这个孩子的心理问题，而且是以整个家庭为出发点，这对其他未出现心理问题的孩子也很有帮助。寻求专业建议的益处是长期的。在这一过程中能促使我们审视我们这一代与孩子现在不同的生活环境——例如我们自己的童年经历——这可能与解决我们孩子当前的问题有关。

让父母参与到孩子的心理治疗中不仅可以有效地帮助孩子，而且对于父母的情感能力和幸福感也大有裨益。就像飞机遇到紧急情况时，父母首先要戴上自己的氧气面罩，然后才能正确地帮助孩子。

不是每个问题都需要解决方案

为人父母的日常生活充满了各种问题、压力和内心挣扎。我们有时感觉好像连一分钟的安静都享受不到，总有一些事情让我们无法充分休息。那么，面对各种各样的压力和问题，我们该怎么办？

对于这个问题的答案是——并非每个问题都需要解决方案。很惊讶，是吗？也许这个答案是错的？答案并没有错，我十分认同这个回答。

尽快解决遇到的问题，追求快乐（健康、富裕、无忧无虑），这种理念在西方文化中已经根深蒂固。不过近几年来，西方心理学逐渐吸纳一些东方的思想和原则，（参见第19节和第20节关于正念和自我关怀的内容）人生若没有烦恼和问题，也就称不上是人生；生活就是意味着解决各种各样的问题，这些观点同样适用于我们的育儿方式。

为人父母实质上是在孩子与父母两种完全不同的个体间建立了一个空间。我们为每个孩子建立的空间都不同，或者正如温尼科特所说，*"如果一位母亲有八个孩子，那么其实她相当于要当八位母亲"*。在这个空间里，我们和孩子会有不同的情绪和想法、相互冲突的需求、不同的观点和分歧，而我们的目标是学会在这个空间内与孩子相处，给予孩子无尽的爱、真诚的好奇心、即使有压力和分歧也不退缩的决心和耐心。在这个过程中，我们将越来越有能力和智慧来解决我们和孩子之间出现的各种问题，并允许自己和孩子共同成长。孩子也会勇敢地走向社会，处理生活中的挑战。毕竟，生活本来就充满了不同的挑战，只有将这些挑战视为日常生活中不可缺少的部分，而不是我们必须消除的障碍，我们才能从中受益。

小时候我一直不知道自己"长大后"想成为什么样的人。二十年后的今天，我每天都在给父母和孩子进行心理治疗。这项工作充满了魔力、美好和神奇，最重要的是——它非常有意义。在我看来，小时候那段对未来迷茫的时间，终究有了回报。我真诚地相信父母和育儿。我相信我们的善意、影响力和我们为孩子的福祉所付出的努力都是值得的，这些想法也是促使我写这本书的原因。

结语

孩子遭遇困难时，我们是能够帮助他们的人，比任何治疗师都更管用。常与心理学家进行沟通的父母更懂得如何善待自己和孩子，更擅长提供情绪价值。

如果孩子需要接受心理治疗，那么我们也需要完全参与其中，全力配合心理治疗师的指示。未来可能还有无数的挑战，逃避是没有任何意义的，我们应该并肩作战。挑战是生命赠予我们和孩子的重要礼物，是未来道路上的一堂人生课。

最后的话

"成功的育儿之道是保证下一代人心理健康的关键。"

  本书以约翰·鲍尔比的这句话作为开头，也将以这句话作为结尾。我们是孩子生命中最重要的人。我们为孩子的成长塑造了情感氛围；我们影响了孩子的自我认知和自我价值感（**"我的价值是什么？"**）；我们为孩子营造了安全基地，让孩子通过我们安全地探索世界、面对挑战，我们也是他们折返的安全避难所。我们与孩子建立的关系是他们与外界建立人际关系的模板，而且很可能也会成为他们与自己的孩子所建立的关系模式。

  这些见解是促使我写这本书的原因，每个章节中都蕴含了相关内容。我希望通过这本书阐明并命名某些原则和思维过程，以帮助大家更好地养育孩子。这些原则可以帮助你们培养为人父母的天然直觉，塑造正确的育儿观，希望对你们有用。你在这本书内不会找到关于如何养育孩子的具体方法，这是因为育儿本就不存在具体的操作方法。

  我希望借由此书进一步强调为人父母的复杂性，以及我们享受养育子女的权利；同时我需要重申，本书内容并不是为了给各位父母增添负罪感，也不希望你们感到心情沉重，我完全不是这个意思。实际上恰恰相反，本书旨在帮助父母以友善的态度看待自己的育儿方式；只有保持平静心态和自我关怀，我们的育儿之道才会日臻成熟，让大家都能从中获益。

　　我写这本书是出于对父母的爱；我坚信我们有能力帮助孩子成为优秀的人；我坚信为人父母是生命赠予我们的美好礼物。虽然我们筋疲力尽、担心焦虑，无休止地忙碌，还要完成无数个大大小小的任务……但说实话：养育孩子是一件很伟大的事情，我们很幸运能够养育孩子。我们很幸运拥有这些优秀的孩子。这是我真实的感受，希望你们也有同样的感受。

致谢

集大家之思想才有了这本书

我首先要感谢几位优秀的业内专家，他们的思考和经验对于本书内容具有非凡的价值与意义，极大地提升了本书的专业水平，对此我永远心存感激。

约拉姆·约维尔（Yoram Yovell）教授，耶路撒冷希伯来大学精神病学家、大脑研究员和精神分析师。感谢您对本书中涉及育儿中大脑功能问题的内容做出的重要贡献。

阿米拉姆·拉维夫（Amiram Raviv）教授，临床心理学家、法律与商学院心理学系主任，曾任特拉维夫大学心理学系主任。感谢您对育儿和恋爱关系相关内容的评论和见解。

玛卡·玛格丽特（Malka Margalit）教授，教育心理学和康复心理学资深专家、以色列教育奖得主、佩雷斯学术中心行为科学学院院长。感谢您对动机和希望理论的评论和见解。

娜瓦·勒维特-比奴恩（Nava Levit-Binnun）博士，萨戈尔脑与心智发展中心主任，荷兹利亚跨学科中心慕达正念、科学与社会研究所创始人。感谢您分享关于正念的知识、经验和精彩见解。

伊兰·迪阿芒（Ilan Diamant）博士，以色列心智化治疗中心主任、高级临床心理学家。感谢您的专业见解，极大地丰富了本书"心智化"这一章节。

塔米·贾福伦（Tami Gavron）博士，以色列特尔海学院和海法大学的心理治疗师和艺术治疗师。感谢您对有关心智化这一章的重要评论。

感谢在我撰写此书时曾阅读过不同章节的父母，你们的评论让这本书不断完善，也让我坚定了写作的信念。特别感谢达芙娜·奥尔默（Dafna Olmer），雅丽·察布斯基-申哈（Yaeli Chapsky-Shenhar），埃夫拉特·伊迪德（Efrat Idud）和里亚特·吉迪-巴尔（Liat Gindi-Bar）。你们的智慧和对我的启迪让我受益良多。

感谢所有让我踏上学术道路的人。感谢我多年来的学生，你们的好奇心和学习动力带动了我不断学习，丰富了我的知识，让我把自己所学形成了文字。没有你们，这一切就不会发生。

感谢金纳雷特-兹莫拉（Kinneret-Zmora）出版社的同事们：感谢伊兰·兹莫拉（Eran Zmora）和约拉姆·罗兹（Yoram Roz），他们在我还未动笔前就给予了我十足的信心；感谢非小说类编辑施穆尔·罗斯勒（Shmuel Rosner），他帮助我找到了写作的方向，明确了什么要写、什么不要写。感谢雅埃尔·雅奈（Yael Yanai），在我写作的过程中，她一直自始至终陪伴着我，并展现了她的独特品质；感谢罗娜·穆兹坎特·施贝尔（Rona Muzikant-Shtibel），她以极大的爱、细腻、敏感和智慧编辑了这本书，帮助我将无数不确定和疑问之处转化为清晰直白的语言；感谢极具才华的伊姆瑞·泽塔尔（Imri Zertal），他将我的文字升华为艺术，他的贡献犹如无价之宝。感谢阿迪·卡夫里（Adi Kafri）将这本书翻译成英文，你的专业程度、才华、耐心和付出的努力令我赞叹。能用不同的语言保持我要表达的意思不是一件简单的事，而你成功地做到了这一点，我表示真诚地感谢。

个人感言

这本书凝结了我的心血，昭示了我的本质。我身边所有善良美好的人对我的影响也塑造出了今天的我。我珍惜你们每个人，感谢你们成为我生命中的一部分。

感谢我的好朋友，生活中和工作中以及两者之间的朋友，感谢你们一直陪伴在我身边，这是给予我的最为珍贵的礼物。

感谢阿米拉姆·拉维夫教授，你满足了我对父亲形象的所有期待。感谢你为我打开了那扇通往心理学写作的大门，感谢你教给我的"这样、那样、这样、那样"的模式。你如同一位慈父，总是希望我拥有最好的，给我空间和时间让我充分成长。

感谢我的父母，鲁西和科比·金迪。你们是最好的父母，也是最好的读者，你们是最好的一切。这本书以育儿之道为主题，能够著成此书，你们对于我的意义十分重大，我无法用言语来表达我对你们的感谢。

感谢我优秀的孩子们，诺姆、尼赞、内塔和加利。你们是特别的、美好的、独立的世界，拓宽了我的胸怀，丰富了我的生命，让我的生活充满了无限意义。你们激发出了我内心深处从未意识到的爱。能成为你们的母亲，我是如此幸运。

最后，特别感谢阿莱，我的好丈夫，我的爱人，谢谢你永远支持、相信、鼓励和欣赏我。没有你，这一切都不可能实现。"这一切"蕴含的东西太多太多。你是独一无二的，是我唯一的爱。

黑版贸审字　08-2022-027号

原书名：הורים טובים

© 2021 Hili Kohavi All rights reserved.
Translation rights representation by eBookPro
Email:agency@ebook-pro.com

The simplified Chinese translation rights arranged through Rightol Media（本书中文简体版权经由锐拓传媒取得 Email:copyright@rightol.com）

版权所有　不得翻印

图书在版编目（CIP）数据

犹太式教育百科全书 /（以）希里·科哈维著；胡方凝译. -- 哈尔滨：北方文艺出版社，2022.6
ISBN 978-7-5317-5574-6

Ⅰ.①犹… Ⅱ.①希… ②胡… Ⅲ.①家庭教育－通俗读物 Ⅳ.①G78-49

中国版本图书馆CIP数据核字(2022)第085821号

犹太式教育百科全书
YOUTAISHI JIAOYU BAIKE QUANSHU

作　　者 / [以色列] 希里·科哈维	译　　者 / 胡方凝
责任编辑 / 富翔强	装帧设计 / 卷帙设计
教育顾问 / 战吉华　刘　立	
出版发行 / 北方文艺出版社	邮　　编 / 150008
发行电话 /（0451）86825533	经　　销 / 新华书店
地　　址 / 哈尔滨市南岗区宣庆小区1号楼	网　　址 / www.bfwy.com
印　　刷 / 北京永顺兴望印刷厂	开　　本 / 680×970　1/16
字　　数 / 240千	印　　张 / 18
版　　次 / 2022年6月第1版	印　　次 / 2022年6月第1次印刷
书　　号 / 978-7-5317-5574-6	定　　价 / 45.00元